HIER SPRICHT WARREN BUFFETT

JANET LOWE

HIER SPRICHT WARREN BUFFETT

WEISHEITEN UND KURIOSITÄTEN VOM WELTGRÖSSTEN INVESTOR

börsenbuch verlag]

Titel der amerikanischen Originalausgabe:
WARREN BUFFETT SPEAKS
Wit and Wisdom from the World's Greatest Investor,
erschienen im Verlag John Wiley & Sons, Inc.

ISBN 3-922669-29-8
Originalausgabe: ISBN 0-471-16996-X

CIP-Titelaufnahme der Deutschen Bibliothek

Für meine geduldige Familie.
JCL

INHALT

ÜBER DIE ARBEIT

ÜBER UNTERNEHMENSFÜHRUNG

ÜBER DAS INVESTIEREN

EINFÜHRUNG

JANET LOWE

Gibt es irgendwo jemanden mit mehr Spitznamen als Warren Buffett? Vanity Fair nennt ihn den Forrest Gump der Finanzwelt.[1] Man hat ihn das Orakel von Omaha getauft, den rechtschaffenen Krämer aus der Provinz Omaha, den Kapitalisten aus dem Kornfeld, den Heiligen Warren (was nicht unbedingt bewundernd gemeint ist) und den Will Rogers der Finanzen.

Mehrere Bücher versuchen, Charakter, Wesen und Philosophie des erfolgreichsten Investors der Welt zu erfassen, aber mit Worten läßt sich diese einzigartige Persönlichkeit nicht angemessen beschreiben; außer vielleicht mit seinen eigenen. Keiner stellt Warren Buffett so gut dar wie Warren Buffett. Diese Einsicht legte den Grundstein für diese Sammlung seiner Beobachtungen und Aphorismen.

Es gibt viele Gründe, ein Buch über Buffett in die Hand zu nehmen, aber einer der besten ist die Bereitschaft, etwas von ihm lernen zu wollen. Buffett warnt uns: Es gibt keinen schnellen, einfachen Weg, reich zu werden. Dennoch wurde Buffett sehr reich, und wenn vielleicht auch der Weg dahin weder schnell noch einfach war, würden die meisten von uns gerne verstehen, wie Buffett zu dem wurde, was er ist. Wenn Sie Buffett genau zuhören, können Sie vielleicht eine Menge von ihm lernen; auch wenn Sie wahrscheinlich kein zweiter Buffett werden, könnte es einen bessereren und klügeren Anleger aus Ihnen machen.

Wer ist nun dieser moderne amerikanische Held/seltsame Heilige? Hier nur kurz das Wesentliche; die Einzelheiten werden sich Ihnen im Verlauf der Lektüre nach und nach erschließen – mit Hilfe von Buffetts eigenen Worten.

Warren Edward Buffett wurde am 30. August 1930 in Omaha, Nebraska, geboren. Dort ging er zur Grundschule; die Sekundarstufe besuchte er in der Nähe von Washington, D.C., wo sein Vater Howard Homan Buffett vier Amtszeiten lang als Abgeordneter im Repräsentantenhaus diente. Als Student verließ Warren Buffett die Wharton-Schule der University of Pennsylvania, weil er glaubte, dort nichts zu lernen. Er schrieb sich an der Universität von Nebraska (Lincoln Campus) ein und erwarb 1950 einen naturwissenschaftlichen Abschluß. Er bewarb sich für Harvard, wurde aber abgelehnt. Stattdessen machte Buffett 1951 seinen Magister der Wirtschaftswissenschaften an der Universität von Columbia. Dort traf er auch Professor Benjamin Graham, den großen Investor, der bald darauf zu seinem Freund und Mentor wurde.

1952 heiratete Buffett Susan Thompson, eine Nachbarin aus Omaha. Zusammen erzogen sie drei Kinder – eine Tochter und zwei Söhne. Seit vielen Jahren wohnen die Buffetts nun in verschiedenen Städten. Auch wenn ihre Beziehung viele erstaunt, scheint diese doch von großer Vertrautheit und Zuneigung geprägt.

Susan Buffett, die zusammen mit ihrem Mann die Anteilsmehrheit an Berkshire Hathaway besitzt, ist eine temperamentvolle, einfühlsame Frau, die Buffett einmal als „Freigeist" beschrieb. Sie lebt in San Francisco und versucht dort trotz ihres Bekanntheitsgrades und des Reichtums, der ihr zuteil geworden ist, ein möglichst normales und ausgeglichenes Leben zu führen. „Ich führe mein eigenes, ruhiges Leben, zusammen mit meiner Familie und den Menschen, die mir nahestehen", sagt sie. Buffett selbst lebt mit einer Lebensgefährtin in Omaha und widmet seine Zeit Berkshire Hathaway. Die Buffetts stehen sich – wie beide betonen – so nahe wie eh und je und unternehmen oft gemeinsame Reisen.

Buffetts Gehalt als Vorsitzender von Berkshire beträgt 100 000 Dollar im Jahr zuzüglich Vergünstigungen, die sich 1993 auf 248 000 Dollar beliefen. Obwohl Buffett in diesem Jahr aufgrund seiner Anteilsmehrheit an Berkshire der reichste Mann Amerikas war, war er damit auch der am schlechtesten bezahlte Manager der 200 größten Unternehmen des Landes. Neben seinen angeblich beträchtlichen persönlichen Kapitalanlagen, deren genauer Umfang allerdings geheim bleibt, besitzt Buffett 25 Prozent der Omaha Royals, einer Zweitliga-Baseballmannschaft.

Buffetts berufliche Erfolge sprechen für sich. Sein erster Investmentfonds, Buffett Partnership, bestand von 1956 bis 1969 und verbuchte einen Rekordgewinn von durchschnittlich 32 Prozent pro Jahr vor Abzug der Gebühren. Kurz nach dem Ende der Gesellschaft, die 100 Mitglieder zählte, begann Buffett, aus dem Textilhersteller Berkshire Hathaway eine Holdinggesellschaft und einen Investmentträger zu machen, der an der Wall Street seinesgleichen sucht. Als Buffett seine ersten 2000 Anteile an Berkshire Hathaway erwarb, verkaufte sich die Aktie zu 7,50 Dollar pro Anteil zuzüglich zehn Prozent Provision. Buffett übernahm das Unternehmen 1965, als die Anteile zu 12 beziehungsweise 15 Dollar gehandelt wurden. In den 31 Jahren unter Buffetts Führung stieg der Marktwert bis über 38000 Dollar pro Anteil (zum Zeitpunkt der Entstehung dieser Zeilen war er wieder auf ungefähr 32000 Dollar gefallen). Berkshires Buchwert ist pro Anteil um insgesamt mehr als 23 Prozent jährlich gestiegen, was beinahe das Dreifache der Zugewinne der wichtigsten Aktienindizes bedeutet.

Viele, die ihr Geld bei Buffett anlegten, als er gerade mit der Kapitalverwaltung begann, vertrauen ihm auch heute noch – in manchen Fällen sogar deren Erben. Hätte ein Anleger Buffett 1956 10000 Dollar zur Verwaltung anvertraut und alle Gewinne immer wieder neu investiert, hätte er Ende 1994 Aktien im Wert von 80 Millionen Dollar besessen.

Trotz seines Reichtums und Einflusses ist Buffett ein bescheidener Mensch. Er ist offen und ehrlich und ein humorvoller Optimist. Er folgt einfachen Prinzipien, aber es wäre ein Fehler, seine Intelligenz, sein Wissen oder seine Entschlossenheit zu unterschätzen. Buffett setzt harte Maßstäbe und bleibt ihnen immer treu.

The Economist beschrieb Buffetts Art und Weise, in der er auf den Skandal um Staatsanleihen, in den Salomon Inc. verwickelt war, reagierte, als „zügig, offen und salopp“[2], was auch seine Sprechweise recht gut beschreibt. Wenn er spricht, mag er gemütlich und langsam wirken, aber versuchen Sie einmal, sich Notizen zu machen. Sie werden auf elementarste Stenographie zurückgreifen müssen. Glauben Sie mir, ich habe es selbst ausprobiert.

Obwohl Buffett immer höflich ist, verbringt er keine Zeit mit Menschen, Projekten oder Ideen, die es seiner Meinung nach nicht verdienen oder die ihm nicht interessant oder nützlich erscheinen. Stellt man seine Geduld auf die Probe, kann er ungeduldig werden. Obwohl seine Kritik selten persönlich wird, findet Buffett für Akademiker, die eine Investment-Theorie nach der anderen abhandeln, ohne das Wesentliche, die zugrundeliegende wirtschaftliche Funktion von Aktien oder den Aktienmarkt zu verstehen, nur wenig freundliche Worte. Für Berater, die Anleger zu Spekulationsabenteuern verleiten, hat Buffett nichts übrig.

Buffett ist freundlich und gesprächig, und wenn er redet oder schreibt, fühlt sich sein Publikum stets unterhalten. 1996 strömten fast 6 000 Aktionäre, Familienmitglieder und Freunde nach Omaha, um der Jahreshauptversammlung von Berkshire beizuwohnen und Buffett zu hören. Jedes Jahr treffen sie sich im Red Lion, im Radisson und einigen anderen Hotels, um ihre Gewinne zu vergleichen. Diejenigen, die bereits frühzeitig Berkshire Hathaway zeichneten, haben jetzt gut lachen. Es versteht sich von selbst, daß viele von ihnen immer wieder den Weg nach Omaha finden.

R. Hutchings Vernon, ein Analyst von Alex. Brown Investment Management aus Baltimore, schildert die Entwicklung: „Als ich vor zehn Jahren das erste Mal auf der Jahreshauptversammlung war, wurden die Anteile zu 2 500 Dollar gehandelt. Damals waren vielleicht 400 Aktionäre anwesend (verglichen mit den meisten Jahreshauptversammlungen eine große Anzahl). Fünf Jahre zuvor stand die Aktie bei 500 Dollar und angeblich waren nur 15 Aktionäre anwesend. Daß zur Veranstaltung 1996 ungefähr 6 000 Aktionäre kamen, ist einzigartig."

Vernon kam später zu der Schlußfolgerung, „daß jeder, der etwas mit Wirtschaft, Finanzen oder Kapitalanlage zu tun hat, meiner Ansicht nach aus Buffetts im Laufe der Jahre entstandenen Schriften und Bemerkungen das meiste lernen kann."[3]

Seit sie sich in Benjamin Grahams Seminar an der Columbia University kennenlernten, sind William Ruane, Gründer des Sequoia Funds, und Buffett miteinander befreundet. Ruane beschreibt Buffetts rhetorische Fähigkeiten folgendermaßen: „Warren ist ein Genie, aber er kann etwas so einfach und so anschaulich erklären, daß man zumindest in diesem Moment genau versteht, was er sagt."

„Warren hat die Gabe, der breiten Masse in Gedanken einen Schritt voraus zu sein", schreibt sein Freund Bill Gates, Vorstandsvorsitzender von Microsoft, „und um das ebenfalls zu schaffen, genügt es nicht, nur seine Aphorismen zu beherzigen – auch wenn Warren voll von Aphorismen ist, die es wert sind, beherzigt zu werden."[4]

Buffetts Hang zum Geschichtenerzählen brachte ihm allerdings auch einmal eine leichte Rüge ein: Als Buffett einmal vor einem Bundesgericht als Experte aussagen mußte, stellte ihm der Staatsanwalt eine Frage. „Bitte, Mr. Buffett", unterbrach der Richter dann Buffetts Antwort, „nicht schon wieder eine Geschichte." Buffett erwiderte, daß das eben seine Art der Kommunikation sei. Der Richter stieß einen Seufzer aus und Buffett fuhr mit seiner Erzählung fort.[5]

Im Laufe meiner Recherchen habe ich Buffett mehrmals getroffen und interviewt. Ich muß zugeben, daß ich ihn mag. Manchen Leser mag dies zu der Annahme verleiten, ich würde versuchen, Buffett ins beste Licht zu rücken. Doch darum geht es mir nicht. Ich beabsichtige vielmehr, den Leser mit Buffetts außergewöhnlicher Denkart vertraut machen und es ihm selbst zu überlassen, sich ein eigenes Urteil zu bilden. Ich werde auf verschiedene Episoden eingehen, in denen Buffetts Verhalten nur schwer nachzuvollziehen ist, und lasse auch diejenigen zu Wort kommen, die von ihm nicht sonderlich begeistert sind. Trotzdem gebe ich zu, daß das Material alles in allem einen positiven Eindruck erweckt. Schließlich hätte ich in dieses Buch auch kaum so viel Zeit und Energie investiert, wenn ich nicht der Ansicht wäre, daß wir von Buffett unglaublich viel lernen können. Er ist interessant, er ist witzig und er bringt die Leute dazu, die Welt mit anderen Augen zu sehen. Berücksichtigt man den ungeheuren Druck, der ihm derzeit von vielen auferlegt wird, ist es bemerkenswert, daß er es schafft, er selbst zu bleiben.

Zwei Dinge kennzeichnen Buffetts Persönlichkeit: Er besitzt einen guten Sinn für Humor, und Boshaftigkeit ist ihm fremd. Seine Eltern haben ihm wahrscheinlich beigebracht, wenn er über jemanden nichts Gutes sagen könne, solle er lieber gar nichts sagen, und Buffett scheint dies verinnerlicht zu haben. Aber gewisse subtile Aspekte seines Auftretens deuten darauf hin, daß er das, was er sagt, auch so meint. Auch wenn er anderen Ideen gegenüber stets aufgeschlossen ist, würde er sich doch von Ihnen kaum beeinflussen lassen, es sei denn, Sie hätten etwas Neues, Konstruktives oder Überzeugendes zu sagen und wären ihm damit einen Schritt voraus. Manche erreichen dieses Selbstbewußtsein im Alter, aber Buffett scheint sich über seine Ansichten schon lange im Klaren zu sein und ist bereit, seine Denkweise zu verteidigen.

Einige Hinweise könnten sich bei der Lektüre dieses Buches als nützlich erweisen. Man könnte diese Sammlung von Buffetts Zitaten und Lebensweisheiten auch „Kleines Handbuch für Anleger“ nennen. Verschiedene nach allgemeinen Bereichen angelegte Kapitel enthalten Zitate (zusammen mit Anekdoten, in denen Buffett bald Akteur, bald Erzähler ist); die Kapitel wiederum sind in Abschnitte mit spezifischeren Überschriften gegliedert. Den thematischen Überschriften folgen ein oder mehrere Zitate, eine Anekdote oder eine Beschreibung eines Vorfalls. Wo nötig, habe ich die Zitate in den richtigen Zusammenhang gesetzt. Jedes Zitat gewährt ein Stück weit Einblick in Buffetts Lebensphilosophie, mit deren Hilfe er seinen Reichtum geschaffen und erhalten hat (ganz zu schweigen davon, daß er auch andere reich gemacht hat). Ich habe auch kleine Abschnitte über wichtige Freunde, Familienangehörige, Kollegen und Ereignisse eingefügt – was sagen diese Menschen und Ereignisse über Buffett aus, wie sehen die Mitspieler sich und ihre Rolle in der Buffett-Saga?

Auch wenn dieses Buch im Gesprächsstil gehalten ist, sollten Sie nicht vergessen, daß es sich um eine Collage handelt. Die Reihenfolge, in der die Bemerkungen hier angeführt sind, entspricht nicht notwendigerweise deren Chronologie, und selbst Bemerkungen zu benachbarten Themen erfolgten nicht notwendigerweise zur selben Zeit.

Ich habe mich bemüht, dem Leser durch die Auswahl und die Zusammenstellung beziehungsweise Einbindung der Zitate einen Eindruck von Warren Buffetts Persönlichkeit zu vermitteln. Leider lassen sich seine Bemerkungen nicht immer verlustfrei vom Mündlichen ins Schriftliche übertragen. In gewisser Hinsicht macht auch die Art, wie Buffett spricht, seine Bemerkungen so unterhaltsam. Obwohl sich Buffett gut ausdrücken kann, wenn er entspannt ist, und – was eigentlich immer der Fall ist – ohne Aufzeichnungen spricht, ist das, was er sagt, grammatikalisch keineswegs perfekt. Aber wer kann das schon von sich behaupten? Er unterbricht seine Sätze immer wieder durch „Ähs“ oder „Hms“ und wiederholt sich. Er kann zehn Minuten lang reden und ein „und“ an das andere reihen, ohne den Satz zu Ende zu bringen. In vielen Fällen habe ich ihn wörtlich zitiert und es dem Leser überlassen, falsche Bezüge und ähnliches richtig zu stellen. In solchen Fällen, denke ich, macht der genaue Wortlaut das, was er sagen will, am deutlichsten. Soweit möglich habe ich von ihm betonte Wörter im Text hervorgehoben.

An einigen wenigen Stellen habe ich aus Gründen der Klarheit und Übersichtlichkeit geringfügige Änderungen vorgenommen. „Ähs“ und „Hms“ wurden entfernt, Substantive und Verben einander in Bezug auf Singular oder Plural beziehungsweise Vergangenheit oder Präsens angeglichen. In fast allen Fällen habe ich die Änderungen in Klammern gesetzt. Dabei bin ich so vorsichtig wie möglich vorgegangen, um das, was Buffett sagen will, nicht zu verfälschen. Buffett ist es wichtig, richtig verstanden zu werden. Einmal befand ich mich zusammen mit ihm auf einer Pressekonferenz in New York. Mehrere Stunden nach seiner Rede erhielt Buffett die Kopie eines Agenturberichts, in dem seine Aussagen kurz zusammengefaßt wurden. In dem Artikel war ein kleiner, aber relativ bedeutender Fehler. „Ich glaube nicht, daß ich das so gesagt habe. Habe ich das so gesagt? Nein, ich glaube nicht.“ Es war klar ersichtlich, daß der Gedanke, dieses falsche Zitat könne sich über die ganze Welt verbreiten, in unzählige Forschungsdatenbänke eingehen und eines Tages in Marmor graviert werden, ihm Angst machte.

Da ich wußte, wie Warren Buffett in der Vergangenheit unter Mißverständnissen gelitten hatte, legte ich ihm das Buch vor der Veröffentlichung vor, um so eventuelle Fehler – sowohl meine eigenen als auch die anderer – verbessern oder richtigstellen zu können. Zitate, die eine falsche Bedeutung nahelegten, wurden geändert. Immer, wenn ein Zitat mißverständlich war, habe ich im Text auf die mögliche Fehldeutung hingewiesen.

Bei der Zusammenstellung dieses Buches habe ich einige faszinierende Verhaltensweisen beobachten können. Zum Beispiel begann Buffett schon früh, viele Dinge (beispielsweise den Preis für den Verlobungsring seiner Frau) in Relation zu seinem Gesamtvermögen zu taxieren – in einem Alter, in dem die meisten noch nicht einmal wissen, wie man sein Gesamtvermögen errechnet, oder wenn sie es wüßten, ein negatives Ergebnis erhalten würden. Er mag Gedankenspiele dieser Art: „Nehmen Sie einmal an, Sie wären jahrelang (fünf, zehn oder mehr Jahre) verreist ...“ Er schreibt seine Jahresberichte für eine Schwester, die sich auf einer ausgedehnten Reise befindet, oder schlägt Investmentstrategien vor, als bekäme man in den nächsten zehn Jahren keine Chance, sich die Sache noch einmal anders zu überlegen. Lochkarten und gesammelte Gutscheine gehören zu Buffetts häufigsten Metaphern.

Leser mögen Verhaltensweisen beobachten, die mir entgangen sind. Es wird interessant sein, zu sehen, wie andere *Hier spricht Warren Buffett* lesen und was sie dem Buch abgewinnen. Meine wohl wichtigste Beobachtung war, daß Buffett keineswegs der Hinterwäldler aus dem Mittleren Westen ist, für den ihn manche Journalisten gerne halten. Nachdem ich den Briefwechsel zwischen Buffett und seinem Mentor Benjamin Graham gelesen habe, hege ich den Verdacht, daß Buffett absichtlich seine einfache Ausdrucksweise beibehält und Dinge in Form von Parabeln erklärt, um sich mit uns bloßen Sterblichen besser zu verständigen. Würde er seinen ganzen Wortschatz oder Intellekt auf uns loslassen, wären viele von uns hoffnungslos verloren.

Willa Cather-Fans werden in Buffett sofort die Bescheidenheit, Intelligenz, Ausgeglichenheit, Tiefgründigkeit und Selbstdisziplin erkennen, die die in Nebraska aufgewachsene Schriftstellerin in den Menschen und den weiten Ebenen ihrer Heimat sah. Willa Cather behauptete aber nicht, daß die Menschen aus dem Herzen Amerikas einfache Gemüter oder ohne Fehler wären. Jedenfalls liegt es bei jedem von uns, für sich selbst zu entscheiden, wer Warren Buffett wirklich ist.

* * *

Als ich Buffett erzählte, daß ich vorhätte, dieses Buch zu schreiben, antwortete er mir in seiner typischen herzlichen Art: „Ich bin mir sicher, Sie machen Ihre Sache gut." In einem späteren Brief beschrieb er mir, wie er sich gewöhnlich verhält, wenn Bücher über ihn geschrieben werden: Er schickt Freunden und Familienmitgliedern Briefe, in denen er ihnen empfiehlt, mit dem Autor zusammenzuarbeiten oder auch nicht, je nachdem, wie es ihnen lieber ist.

Er bemerkte aber auch, daß er unter Copyright stehende Unterlagen für ein eigenes Buch zurückhalte, das alle Buffett-Fans mit Sehnsucht erwarten. Ich hoffe, ohne dies jedoch beanspruchen zu wollen, daß sich sein Buch und meines gegenseitig ergänzen. Ich hoffe auch, daß Ihnen die Lektüre von *Hier spricht Warren Buffett* ebenso viel Spaß machen wird wie mir die Arbeit daran.

ÜBER DAS LEBEN

Wenn sich Warren Buffett zu Aktienmärkten, Geschäftsprinzipien oder den Getreidepreisen in Nebraska äußert, spitzt die ganze Welt die Ohren. Oft ist das, was er sagt, über den unmittelbaren Anlaß hinaus von Bedeutung. „Aha“ oder „Na klar!“ sind häufige Reaktionen. Buffets Bemerkungen scheinen zahlreiche Aspekte unseres Lebens zu berühren. Obwohl Buffett zu den reichsten Menschen auf der Welt zählt, sagt sein Freund Charlie Munger über ihn, er sei einer der glücklichsten Menschen, die er kenne. Beginnen wir, ehe wir uns Buffetts Aussagen über erfolgreiches Investment zuwenden, mit dem, was er über wichtigere Dinge zu sagen hat: einem produktiven und zufriedenen Leben.

LEBE DORT, WO DU DICH WOHLFÜHLST

Warren Buffett – oder „Feuerball“, wie ihn sein Vater nannte – verbrachte seine Kindheit in Omaha, wo er auch zur staatlichen Grundschule ging. Als sein Vater, Howard Buffett, ins Repräsentantenhaus gewählt wurde, zog die Familie in die Landeshauptstadt. Der kleine Warren aber sehnte sich wieder zurück nach Hause:

> *„Ich hatte schreckliches Heimweh. Ich erzählte meinen Eltern, ich könnte im Bett nicht mehr atmen. Ich sagte ihnen, sie sollten sich trotzdem keine Sorgen machen und ruhig schlafen; ich würde eben die ganze Nacht wach bleiben.“*

Schließlich erlaubten die Eltern dem zwölfjährigen Warren, nach Omaha zurückzukehren und bis zu den nächsten Ferien bei seinem Großvater zu wohnen.[6]

* * *

Später besuchte Buffett die Wharton Business School der University of Pennsylvania, absolvierte ein weiterführendes Studium an der Columbia University und arbeitete für die Graham-Newman Company in New York. Im Frühjahr 1956 ging er jedoch mit 25 Jahren zurück nach Omaha und blieb dann dort:

„Ich habe schon in New York und Washington gelebt, aber in New York verliert man eine Menge Zeit mit logistischen Dingen. Wenn ich mich drei Stunden ins Flugzeug setze, kann ich die Vorzüge von New York und Los Angeles genießen, ohne die Unannehmlichkeiten ertragen zu müssen, die das Leben dort mit sich bringt.“[7]

* * *

„Ich glaube, hier lebt man gesünder. Als ich in New York tätig war, hatte ich den Eindruck, daß ständig mehr Reize auf mich einstürmten. Man fängt schnell an, ihnen nachzugeben, wenn man einen normalen Adrenalinspiegel hat. Nach einer Weile kann das zu verrücktem Verhalten führen. Hier kann man einfach viel besser denken.“[8]

* * *

Buffetts jüngerer Sohn Peter, ein Musiker, hat ein Lied namens „Nebraska“ komponiert. Es läßt eine ähnliche Liebe zum Herzen Amerikas erkennen: „Es drückt aus, wieviel es mir bedeutet, die Grundlage, die Sicherheit und die geistigen Wurzeln zu haben, die eine Heimat ausmachen“ – so Peter Buffett über seine Komposition.

LEBE, WIE ES DIR GEFÄLLT

„Etwas, was mich an der Arbeit mit Wertpapieren faszinierte, war die Tatsache, daß man sein eigenes Leben führen kann. Man muß sich nicht verkleiden, um Erfolg zu haben", sagt Warren Buffett.[9]

* * *

„Ich kann mir nichts im Leben vorstellen, was ich will und noch nicht habe."[10]

* * *

Ist Buffets Lebensweise für ihn nur der Weg des geringsten Widerstands?

„Es ist einfacher, Geld zu verdienen, als es auszugeben."[11]

ISS, WORAUF DU LUST HAST

Wenn man das ist, was man ißt, ist Buffett ein echter Amerikaner:

„Meine Vorstellungen von Essen und Ernährung wurden schon recht früh für immer geprägt – die Folge einer höchst erfolgreichen Party anläßlich meines fünften Geburtstags. Damals aßen wir Hot Dogs, Hamburger, Eis und Popcorn und tranken Limonade."

Buffetts Leibspeise nennt sich „Dusty Sunday". Er begießt Vanilleeis mit Unmengen von Hershey-Schokoladensirup und überhäuft das Ganze mit Malzmilchpulver. Die Kalorien rechtfertigt er mathematisch:

„Wie viele Kalorien in dieser Kreation stecken, ist belanglos. Wenn wir davon ausgehen, daß der Körper am Tag 2800 Kalorien verbraucht, ergeben einfache

Rechnungen, daß man pro Jahr etwas mehr als eine Million Kalorien verbrauchen kann – oder besser gesagt, muß. Was mich betrifft, bedeutet das – bei einer Lebenserwartung von ungefähr noch 25 Jahren, daß ich, um einen frühzeitigen Hungertod zu vermeiden, etwa 25 Millionen Kalorien zu mir nehmen muß. Warum sollte ich also nicht schon vorarbeiten?" [12]

* * *

Auch Buffetts Coca-Cola-Abhängigkeit läßt sich mathematisch erklären:

> *„Ich trinke jeden Tag fünf Cherry-Cokes, das sind 750 Kalorien. Würde ich darauf verzichten, würde ich jedes Jahr 70 Pfund abnehmen. Das hat mir ganz klar das Leben gerettet."*[13]

* * *

Bisweilen sind Kalorien allerdings ihren Preis nicht wert. Einmal wurde Buffett auf einer Dinnerparty ein sehr teurer Wein angeboten. Er hielt seine Hand über sein Glas und reagierte mit den Worten:

> *„Nein danke. Geben Sie es mir lieber in bar."*[14]

GÖNNE DIR EIN HOBBY

Für Buffett ist Investieren gleichermaßen Sport und Unterhaltung. Er vergleicht die Endeckung einer guten Anlagemöglichkeit mit der „Jagd auf einen seltenen Elefanten, der sich nicht so leicht fangen läßt."[15] Er besucht Baseballspiele der Omaha Royals. Zu besonderen Gelegenheiten trifft er sich mit seiner Familie und Freunden – sei es, um einen Preis zu feiern, der seiner Tochter vom CVJF in Omaha für ihre Arbeit am Rose Theatre verliehen wurde, oder anläßlich der Hochzeit von Bill Gates auf der Hawaiinsel Lanai.

Jedes zweite Jahr organisiert er ein Treffen der Buffett-Gruppe, eine Zusammenkunft seiner ältesten und besten Freunde. Obwohl Buffett nach einer Rückenverletzung das Squashspielen aufgegeben hat, spielt er noch immer gelegentlich Golf. Und auf der Jahreshauptversammlung 1996 erklärte ein merklich schlankerer Buffett, daß er seit kurzem einige Zeit auf dem Laufband verbringe.

Buffetts große Leidenschaft war schon immer Bridge, und seit kurzem hat sich sein Spiel unter der Anleitung eines Experten noch einmal wesentlich verbessert. Er liebt Bridge genug, um zu sagen:

> *„Jeder junge Mensch, der nicht anfängt, Bridge zu lernen, begeht einen großen Fehler.“*[16]

* * *

> *„Wenn ich Bridge spiele, denke ich an nichts anderes.“*[17]

* * *

> *„Ich habe schon immer gesagt, es würde mir nichts ausmachen, ins Gefängnis zu wandern, wenn ich drei Zellengenossen hätte, die Bridge könnten.“*[18]

* * *

Buffetts Bridgetrainerin (Sharon Osberg, eine Weltmeisterin, die er über Carol Loomis, eine befreundete Bridgespielerin, kennenlernte) machte ihn mit dem Computer und ImagiNation vertraut, einem Netzwerk, das es ihm ermöglicht, von zu Hause aus mit Freunden im ganzen Land Bridge zu spielen.

> *„Wenn ich früher an einem PC vorbeikam, hatte ich Angst, gebissen zu werden. Aber als ich erst ein-*

mal angefangen hatte, war es gar nicht so schwer. Allerdings ist Bridge auch das einzige, was ich mit dieser Maschine anfangen kann."

* * *

Der Computer ermöglicht es Buffett, nun sowohl mit seiner Schwester und ihrem Ehemann zu spielen, die in Carmel in Kalifornien leben, als auch mit hochgestellten Freunden in Washington, D.C., und selbst mit William H. Gates Senior, dem Anwalt aus Seattle, dessen berühmter Sohn Microsoft gegründet hat:

„Es ist jetzt viel leichter, mit denselben Leuten, mit denen ich schon früher immer spielte, eine Runde aufzumachen, nur daß wir jetzt tausende Kilometer voneinander entfernt sind. An einem Sonntag habe ich einmal sechs Stunden lang gespielt. Ich spiele jetzt nicht mehr so oft von Angesicht zu Angesicht."[19]

ANMERKUNG: Ich kenne den Codenamen, unter dem Buffett Bridge spielt, aber ich verrate ihn nicht. Ein Hinweis: Bei Imagi-Nation kann jeder Spieler sein eigenes Online-Portrait erstellen. Buffetts Porträt erinnert auffallend an Peter Lynch.

LEBE LEIDENSCHAFTLICH

Leidenschaft kann manchmal teuer werden. Buffett beispielsweise kaufte einen Firmenjet, dem er den Namen „The Indefensible" [„Die Unentschuldbare"] gab. Er hatte auch daran gedacht, das Flugzeug zu Ehren seines Partners, der noch immer prinzipiell billigstmöglich fliegt, „Charles T. Munger" zu taufen:

„Ich habe mich in dieses Flugzeug verliebt und werde es mit ins Grab nehmen."[20]

Nachdem Buffett fast ein Jahr lang ständig nach New York mußte, um die Komplikationen bei Salomon Inc. zu bewältigen, begann er, sein Flugzeug „The Semidefensible" [„Die beinahe Unentschuldbare"] zu nennen.[21]

* * *

Buffett trinkt schon immer sehr gern Cola – zuerst trank er Pepsi, später Coca-Cola (um genauer zu sein, Cherry-Coke). Einmal gaben die Buffetts eine Party und Susie Buffett dekorierte den Eingangsbereich, indem sie einen Meter hohe Pepsiflaschen in die Fenster stellte.

„Wer Warren kennt, weiß, daß in seinen Adern kein Blut, sondern Pepsi fließt. Sogar zum Frühstück trinkt er Pepsi", erklärt seine Frau.

SEI EHRGEIZIG

„Was ist eigentlich Ihr nächstes Ziel", fragte ein Aktionär bei der Jahreshauptversammlung von Berkshire Hathaway, „jetzt, da Sie der reichste Mann Amerikas sind?" „Das ist einfach", erwiderte Buffett, „ich möchte der älteste Mann Amerikas werden."[22]

* * *

Doch übertreiben sollte man auch nicht:

> *„Ich versuche nicht, über zwei Meter hohe Hürden zu springen: Ich suche mir lieber ein paar dreißig Zentimeter hohe, über die ich mit einem Schritt komme."*[23]

KAPITALANLEGER AUFGEPASST: WARREN BUFFETT GEHT ÜBER DIE STRASSE

Auf der Jahreshauptversammlung 1996 fragte ein Anleger, was mit Berkshire Hathaway geschähe, wenn Buffett von einem Lastwagen überfahren würde. (Diese Frage taucht häufiger auf als ein Schwimmer zum Luftholen.) „In der Regel antworte ich, Pech für den Laster", sagt Buffett bisweilen im Scherz. Im Laufe der Jahre hat er es mit verschiedenen Reaktionen probiert:[24]

1984: „Wenn mir morgen etwas zustoßen sollte, werden weder Berkshire Hathaway noch Teile davon verkauft."[25]

1985: In einem Artikel, der sich mit Berkshires langfristigem Engagement für übernommene Firmen befaßte, bemerkte Buffett: „Die Manager haben eine Verpflichtung der Firma gegenüber und sollten sich daher keine Sorgen machen, falls mein persönliches Engagement für Berkshire zu einem vorzeitigen Ende kommen sollte. (Unter einem vorzeitigen Ende verstehe ich jedes nicht dreistellige Alter.)"[26]

1986: „Diese berühmte Lastwagenfrage stellt man mir jedes Jahr. Würde ich heute von einem Lastwagen überfahren, würde Charlie (Munger) die Firma leiten und keine Berkshire-Aktie müßte verkauft werden. Es gäbe auch weiterhin Investitionen. Im Firmenmanagement gäbe es keine Überraschungen. Das Unternehmen würde noch lange in der jetzigen Form weiterbestehen."

Buffett äußerte auch folgende Vermutung: „Vielleicht würde die Aktie am Tag meines Ablebens um einen viertel oder halben Punkt steigen. Ich wäre aber enttäuscht, wenn sie in die Höhe schießen würde."[27]

1991: „Unsere Geschäfte laufen, als ob ich nicht da wäre. Der genaue Ort meiner Beerdigung sollte deshalb kaum eine Rolle spielen." [28]

1993: Selbst die Medien erinnern Buffett an seine Sterblichkeit. Buffett auf die Frage eines Fernsehreporters, wie man sich seiner erinnern solle: „Nun ja, ich hätte gern, daß der Pfarrer sagt: ‚Bei Gott, er war alt.'"[29]

1994: „Wie ich bereits öffentlich angekündigt habe, plane ich, Berkshire bis fünf oder zehn Jahre nach meinem Tod zu leiten. Aber bei Berkshire ist das auch keine große Kunst."[30]

1995: „Ich überlege mir gerade, Berkshire-Aktien zu kaufen", sagte bei der Jahreshauptversammlung jemand aus dem Publikum, „aber ich mache mir Sorgen, daß Ihnen etwas zustößt. Ich kann mir ein solches Risiko nicht leisten." „Ich auch nicht", erwiderte Buffett.

1996: Als er über die Zukunft des Unternehmens im Falle seines Ablebens befragt wurde, antwortete Buffett, daß, wenn ihm etwas zustoßen sollte, der äußerst erfolgreiche Investmentleiter und Copräsident von GEICO, Louis Simpson, die Aufgaben im Investmentbereich bei Berkshire Hathaway übernehmen würde.

Buffett hat auch darauf hingewiesen, daß sein Ableben für einige Branchen nicht das Schlechteste wäre:

> *„Es wird (bei den Absatzzahlen von Coca-Cola) einen kurzfristigen Aufschwung geben, da ich vorhabe, einen großen Vorrat zusammen mit meinem Flugzeug mit ins Grab zu nehmen."*[31]

Coca-Cola-Aktien könnten steigen, aber auch die Verkaufszahlen von Flugzeugen:

> *„Im Falle meines Todes werden sich die Gewinne von Berkshire automatisch um eine Million erhöhen, weil Charlie meinen Wunsch, mit der „Indefensible" begraben zu werden, ignorieren und noch am nächsten Tag den Firmenjet verkaufen wird."*[32]

VERLIERE NICHT DIE ORIENTIERUNG

Legen Sie Ihr Geld so an, wie ein Profi Eishockey spielt, rät Buffett:

> *„Wie Wayne Gretzky einmal sagte: Geh nicht dahin, wo der Puck ist, sondern wo er hingespielt wird.“*[33]

* * *

> *„Um beim Schwimmen eine gute Zeit zu erreichen, sollte man lieber mit der Strömung schwimmen, als an seiner Technik zu arbeiten.“*[34]

BEHALTE DEINE ZIELE IM AUGE

„Wenn wir die Hauptverbindung zwischen New York und Chicago nehmen, steigen wir nicht in Altoona aus, um einen kleinen Ausflug zu machen.“[35]

* * *

> *„Ich hatte schon immer den Eindruck, daß man mehr lernen kann, wenn man statt der geschäftlichen Erfolge die Mißerfolge unter die Lupe nimmt. Aber an den Wirtschaftsschulen studiert man in der Regel die wirtschaftlichen Erfolge. Mein Partner Charles Munger sagt immer, er wolle nur wissen, wo er einmal sterben wird – damit er dort nie hingeht.“*[36]

VERGISS NICHT DAS WESENTLICHE IM LEBEN

Auf einem Notizblock, der sich auf Buffetts Schreibtisch befand, stand folgendes:

„Im Falle eines Atomkriegs ist dieser Hinweis zu ignorieren.“[37]

* * *

1985 kommentierte Buffett seine Investmenterfolge, die über zwanzig Jahre insgesamt 22 Prozent Wachstum einbrachten, so:

„Es ist, als hätte ich eine vergeudete Jugend überwunden.“[38]

Auf einer Cocktailparty kam einmal eine leicht angetrunkene Frau zu Buffett und säuselte: „Wo Du bist, ist Geld.“

Einem Reporter gegenüber sagte Buffett:

„Ich bemesse mein Leben nicht nach dem Geld, das ich verdient habe. Andere vielleicht, aber ich bestimmt nicht.“[39]

* * *

„Geld ermöglicht bis zu einem gewissen Grad den gelegentlichen Aufenthalt in interessanteren Umgebungen. Aber es hat keinen Einfluß darauf, wie viele Menschen dich mögen oder wie es um deine Gesundheit steht.“[40]

WER ZU ALLEN NETT IST, GEWINNT – MANCHMAL

„Man hat schon Ölmagnate, Immobilienkönige, Reeder und Räuberbarone an der Spitze der Reichsten gesehen, aber Buffett ist der erste, der es nur mit Hife von Aktien dorthin geschafft hat“, erinnert sich der *Time*-Reporter John Rothchild.[41] Rothchild erwähnt dabei nicht, daß Buffett kein

Erbe als Grundlage hatte; er hat es alleine geschafft. Buffetts Marsch an den Spitzenplatz der Liste der reichsten Amerikaner wird ohne Zweifel zu einer amerikanischen Legende werden. Vergessen Sie, was Sie über Horatio Alger gehört haben. Von jetzt an wird man bei erfolgreichen „Selfmademen" immer an Warren Buffett denken. Und so erklomm Buffett (ab 1982) Schritt für Schritt die von Forbes veröffentlichte Liste der 400 reichsten Amerikaner:

1982: Warren Buffett liegt mit 250 Millionen Dollar auf Platz 82. Daniel K. Ludwig führt die Liste mit 2 Milliarden Dollar an, Gordon Peter Getty ist mit 1,4 Milliarden Dollar die Nummer zwei.

1983: Buffett verdoppelt sein Gesamtvermögen auf 520 Millionen Dollar und macht einen Sprung auf Platz 31. Getty schiebt sich mit 2,2 Milliarden Dollar auf Platz eins, Sam Walton ist zweiter mit 2,15 Milliarden Dollar.

1984: Mit Anteilen im Wert von 665 Millionen Dollar liegt Buffett an 23. Stelle. Erster ist wieder Getty mit 4,1 Milliarden Dollar, zweiter Sam Walton, jetzt mit 2,3 Milliarden Dollar.

1985: Mit 1,07 Milliarden Dollar ist Buffett der erste Milliardär aus Nebraska.[42] In der Forbes-Rangliste der reichsten 400 rangiert er auf Platz 12. An erster Stelle liegt Walton mit 2,8 Milliarden Dollar, gefolgt von Ross Perot mit 1,8 Milliarden Dollar.

1986: Buffett holt auf und belegt mit einem Nettovermögen von 1,4 Milliarden Dollar den fünften Rang. Sam Walton verteidigt mit 4,5 Milliarden Dollar die Spitze, hinter ihm John Kluge mit 2,5 Milliarden Dollar.

Auch das Magazin *U.S. News & World Report* veröffentlichte 1986 eine Liste von 100 Personen und Familien, die die meisten Anteile an Amerikas öffentlich gehandelten Unternehmen besitzen. Buffett liegt an achter Stelle, die Familie Walton führt. Buffetts Kommentar: „Ist Ihnen aufgefallen, wie genau die das machen? Das einzige, was sie vergessen haben zu berücksichtigen, sind die paar Burger, die ich gestern abend bei Bronco's gekauft habe."[43]

1987: Mit einem Wert von 2,1 Milliarden Dollar fällt Buffett auf den siebten Platz zurück. Wieder ist Walton der reichste, Kluge der zweitreichste Amerikaner.

1988: Buffetts Vermögen wächst auf 2,2 Milliarden Dollar – dennoch verliert er zwei Plätze und landet auf Rang sieben. In Führung weiterhin Walton und Kluge mit 6,7 beziehungsweise 3,2 Milliarden Dollar.

1989: Buffett schießt mit 4,2 Milliarden Dollar auf den zweiten Platz vor. An erster Stelle liegt John Kluge mit 5,2 Milliarden Dollar. Der Japaner Yoshiaki Tsutsumi, Besitzer einer Landerschließungsgesellschaft, liegt mit 15 Milliarden Dollar weltweit an der Spitze.

1990: Mit 3,3 Milliarden Dollar hält Buffett den zweiten Platz. Kluge führt mit 5,6 Milliarden Dollar.

1991: Buffett fällt auf der Liste zurück, ist deswegen aber nicht weniger reich. Mit 4,2 Milliarden Dollar belegt er den vierten Platz; Kluge verteidigt den ersten mit 5,9 Milliarden Dollar. An zweiter Stelle ein Newcomer: Bill Gates, mit 4,8 Milliarden Dollar Nettovermögen.

1992: Buffett wird mit 4,3 Milliarden Dollar wiederum Vierter. Gates schafft mit 6,3 Milliarden Dollar den Sprung auf Platz eins, Kluge belegt mit 5,5 Milliarden Dollar den zweiten Rang.

1993: Nummer eins mit 8,3 Milliarden Dollar. Bill Gates ist mit 6,16 Milliarden Dollar der zweitreichste Amerikaner.[44]

1994: Zurück auf Platz zwei. Buffets Vermögen ist nur auf 9,2 Milliarden Dollar gestiegen. Gates übernimmt mit 9,35 Milliarden Dollar die Führung.

1995: Wieder ist Buffett mit 12 Milliarden Dollar zweiter. Das Rennen macht Gates, mit einem Nettovermögen von 15 Milliarden Dollar.

Der Satiriker Art Buchwald kommentierte das Tauziehen zwischen Buffett und Gates um den Titel des reichsten Amerikaners folgendermaßen: „Obwohl sie, wenn sie sich treffen, freundlich miteinander umgehen, muß es doch eine gewisse Spannung zwischen den beiden geben. Wenn man die Nummer eins ist, wirft man immer einen Blick über die Schulter, um zu sehen, wer nachkommt. Auf der anderen Seite verbringt man als Nummer zwei seine ganze Zeit damit, seiner Familie zu erklären, warum man versagt hat.“[45]

SEI EHRLICH

Seinem Sohn Howard erklärte Buffett:

„Man braucht 20 Jahre, um sich einen Ruf aufzubauen, aber nur 5 Minuten, um ihn zu ruinieren. Wenn du dir das überlegst, machst du vieles anders.“[46]

„Du darfst nie lügen – unter keinen Umständen. Und hör nicht auf Anwälte. Wenn erst einmal Anwälte auf den Plan treten, erzählen sie dir im Grunde genommen nur: ‚Sagen Sie einfach nichts.‘ Du wirst dich nie in irgend etwas verstricken, wenn du die Dinge einfach so darlegst, wie du sie siehst.“

* * *

Obwohl er schon sein Leben lang mit Zeitungen zu tun hat, ist Buffett der Meinung, daß der Kontakt mit Journalisten riskant sein kann:

„Die Gefahr besteht darin, daß es mit Ausnahme eines Mörders wirklich niemanden gibt, der so großen Schaden anrichten kann wie jemand von der

Presse, wenn er irgend etwas falsch macht. Es gibt vielleicht Ärzte, die einem genausoviel Schaden zufügen können, aber in diesem Fall bringt man die Sache auch selber ins Rollen.“[47]

* * *

Ein Mißverständnis mit den Medien gab es im Rahmen der Fernsehsendung *Lifestyles of the Rich and Famous*. Da es für Buffett absolut untypisch ist, seinen Reichtum zur Schau zu stellen, waren seine Freunde nicht wenig überrascht, als er in der Show von Robin Leach auftauchte.

„Ich war genauso überrascht wie ihr“, soll Buffett zu Freunden gesagt haben. „Robin Leach hatte nie mit mir gesprochen; man hatte uns nicht einmal eingeladen. Und mit einem Mal waren wir in der Show.“

Leach bestreitet diese Version der Geschichte. „Buffett hat genau gewußt, was wir da machen. Es war kein richtiges Interview, aber er hat eingewilligt. Darum haben wir die Show als exklusiv angekündigt. Sie war es auch.“

ANMERKUNG: Eigentlich hatte Borsheim, ein Juwelier aus Omaha, *Lifestyles* eingeladen, eine Woche vor der Jahreshauptversammlung von Berkshire Hathaway eine Ausstellung von Patek Phillipe zu filmen. Im Zusammenhang mit dieser Ausstellung stimmte Buffett einem Gespräch mit Robin Leach zu. Buffett hatte keine Ahnung, daß man einen Beitrag über ihn plante; es kam auch nie ein Filmteam zu ihm nach Hause.[48]

* * *

Auch aus Versehen kann es zu Fehlinformationen kommen. Da war zum Beispiel die Sache mit Nicholas Kenner. Buffett eröffnete die Diskussionsrunde anläßlich der Jahreshauptversammlung 1990 mit der Frage dieses neun Jahre alten Jungen aus New York, der damals 11 Berkshire-Aktien besaß. Nicholas stellte die Frage, warum der Kurs von Berkshire, der sich zu dieser Zeit im Bereich von 6 600 Dollar pro Aktie bewegte, so niedrig sei. In seiner jährlichen Mitteilung an die Aktionäre kam Buffett auf diese Frage zu sprechen. Bei der nächsten Jahreshauptversammlung stellte Nicholas Kenner eine Frage, die noch schwerer zu beantworten war. Mit dem Hinweis, daß im Jahresbericht sein Alter fälschlich mit elf Jahren angegeben werde, obwohl er erst neun sei, stellte er die Frage: „Woher soll ich wissen, ob die Zahlen weiter hinten [die finanziellen Daten] stimmen?" Buffett versprach eine schriftliche Antwort.[49]

* * *

Kleine Notlügen sind jedoch verzeihlich, wenn sie die Verkaufszahlen von See's Candy, einer Firma, die Berkshire Hathaway gehört, ankurbeln.

> *„Wenn das Geschäft schlecht läuft, verbreiten wir einfach das Gerücht, daß unsere Süßigkeiten wie ein Aphrodisiakum wirken. Sehr wirkungsvoll. Das heißt, das Gerücht, nicht die Süßigkeiten."*[50]

ARBEITE AN DEINEM CHARAKTER

> *„Angewohnheiten bemerkt man erst dann, wenn man sie nicht mehr loswerden kann."*[51]

* * *

Jeder kann an seinem Charakter arbeiten. Stellen Sie sich einmal vor – so Buffett –, Sie wären Student und könnten sich einen anderen Studenten aus Ihrem Jahrgang aussuchen. Sie hätten nun das Recht auf zehn Prozent aller Einkünfte, die dieser Student in seinem Leben erzielt. Die Sache hat aber einen Haken: Sie müssen auch einen Studenten auswählen, dem Sie auf Lebenszeit zehn Prozent Ihres Verdienstes auszahlen:

„Ich finde es interessant, daß man, wenn man einmal betrachtet, womit man sich immer in Gedanken beschäftigt, sich nie über etwas Gedanken macht, das man selbst nie erreichen kann. Ich meine, man zerbricht sich nicht den Kopf darüber, wer im Hochsprung über zwei Meter kommt, einen Football 20 Meter weit werfen kann, die Pi-Zahl bis zur 300. Stelle auswendig kann oder was auch immer. Man denkt vielmehr über eine ganze Menge Charaktereigenschaften nach. Alle diese Eigenschaften kann man sich aber in Wirklichkeit auch selbst erarbeiten, alles ist nur eine Frage der Gewohnheit. Ben Graham, mein ehemaliger Chef, schrieb einmal im Alter von zwölf Jahren alle Eigenschaften auf, die er an anderen bewunderte, und alle, die ihn an anderen störten. Als er sich die Liste ansah, ging es da nicht darum, ob einer die 100 Meter in 9,6 Sekunden laufen konnte oder im Hochsprung über 2,10 Meter kam. Es waren alles Dinge, die einfach eine Frage der Entscheidung waren, ob man so ein Mensch sein wollte oder nicht.“[52]

* * *

„Irgend jemand sitzt heute im Schatten, weil irgend jemand vor langer Zeit einen Baum gepflanzt hat.“[53]

GLAUBE AN DICH SELBST

Als der zwanzigjährige Buffett anfing, in der Brokerfirma seines Vaters zu arbeiten, fragte ihn ein Freund, ob das Unternehmen nun Buffett & Sohn heißen würde. „Nein“, antwortete Buffett, „Buffett & Vater.“[54]

* * *

Buffett sagte einmal ganz sachlich:

„Ich hatte nie irgendwelche Selbstzweifel. Ich bin noch nie entmutigt gewesen."[55]

* * *

„Ich habe schon immer gewußt, daß ich eines Tages reich sein würde. Ich glaube, daran habe ich keine Sekunde lang gezweifelt."[56]

* * *

Als Warren Buffett im Alter von 26 Jahren seine erste Gesellschaft gründete, sagte er den Anlegern: „Ich werde eine Gesellschaft ins Leben rufen, in der ich das Portefeuille verwalte und zusammen mit Ihrem auch mein eigenes Geld anlege. Ich garantiere Ihnen eine fünfprozentige Rendite. Von allen Gewinnen, die darüber hinausgehen, bekomme ich 20 Prozent. Ich werde Sie über unsere Transaktionen nicht auf dem Laufenden halten, weil das nur ablenkt. Wenn ich den Golfplatz verlasse, sind nur meine Ergebnisse interessant. Ich will nicht, daß Sie mir vorher an den Fersen hängen und zusehen, wenn ich zum Beispiel mit dem 3er-Eisen den Ball nicht richtig treffe und dann aber am nächsten Loch beim Putten ein Loch gutmache."[57]

ANMERKUNG: Wahrscheinlich wird Buffett hier aus dem Gedächtnis zitiert. Buffett garantierte nie einen Gewinn von fünf Prozent. Die Gesellschaft bot den beschränkten Gesellschaftern eine Vorzugsrendite, die allerdings erst auf einer kumulativen Basis erwirtschaftet werden mußte, ehe Buffett überhaupt etwas verdiente.

* * *

„Ich führe über meine Ergebnisse innerlich Buch. Wenn ich etwas mache, das andere vielleicht nicht so

gut finden, womit ich selbst aber zufrieden bin, reicht mir das. Wenn andere mich für etwas loben und ich selbst nicht zufrieden bin, ist das für mich schlimm.“[58]

* * *

Als Buffett einmal gefragt wurde, woher er das Selbstvertrauen nehme, in Unternehmen zu investieren, um die andere einen großen Bogen machen, antwortete er:

„Alles in allem traue ich eben meinen Augen mehr als irgend etwas anderem.“[59]

ABER LASS DIR DIE ERFOLGE NICHT ZU KOPF STEIGEN

Wahrscheinlich haben sich die meisten in der Sekundarschule ganz ähnlich gefühlt wie Buffet:

„In meiner Klasse war ich nicht der Beliebteste, aber auch nicht der Unbeliebteste. Eigentlich war ich überhaupt nichts.“[60]

Als Buffett sein Studium an der Columbia University beendet hatte, bat er Benjamin Graham um einen Job (ohne festes Gehalt) bei der Graham-Newman Company:

„Wie üblich, wog Ben Kosten und Nutzen gegeneinander ab und sagte nein.“[61]

* * *

Findet vor der Jahreshauptversammlung ein Spiel der Omaha Royals statt, eröffnet Buffett das Match mit dem ersten Wurf. Vor einem dieser Spiele baten ihn einmal ein paar Kinder um ein Autogramm. Buffetts Wurf war nicht sonderlich stark:

„Ich blickte nach oben und sah, wie die Kinder meine Unterschrift ausradierten."[62]

* * *

Gekränkt von der Bemerkung eines Journalisten, er trage billige Anzüge, erwiderte Buffett:

„Die Anzüge, die ich kaufe, sind teuer. Sie sehen nur an mir billig aus."[63]

ANMERKUNG: Nachdem er jahrelang vor allem Baumwollhemden, einfache Hosen und dazu ein Sakko getragen hatte, begann Buffett, sich besser zu kleiden. Er trägt jetzt italienische Anzüge von Zegna, normalerweise Konfektionsware. Anzüge von Zegna kosten ungefähr 1 500 Dollar.[64]

* * *

Als Buffett in die Business Hall of Fame von Omaha aufgenommen wurde, sagte er, er wolle seinem Coiffeur, seinem Modeberater und seinem persönlichen Trainer danken, aber:

„Als sie ihr Werk betrachteten, baten sie mich, nicht namentlich genannt zu werden"[65]

* * *

Als der Presseclub Omaha eine Karikatur des Künstlers James Horan enthüllte, lachte Buffett:

„Fast alles sieht besser aus als bei einem Blick in den Spiegel."[66]

* * *

Zusammen mit dem Gouverneur von Nebraska spielte Buffett einen Sketch, in dem der Gouverneur die Glücksnummern einer Lotterie des Staates Nebraska verlas und Buffett mit dem Gewinnlos in der Hand aufgeregt auf die Bühne stürzte. Der Gouverneur stellte Buffett die Frage, was er denn mit seinem unverhofften Gewinn machen würde: „Ich kauf mir einen zweiten Anzug", stotterte Buffett aufgeregt, und fügte hinzu: „Und wenn dann noch genug übrig ist, kauf' ich mir einen Kamm."[67]

* * *

Charlie Munger, Buffetts Geschäftspartner, erzählt: „Buffetts Garderobe hat in der Geschäftswelt bisweilen schon für Erheiterung gesorgt."[68]

* * *

Buffett findet einen Firmenjet äußerst praktisch, aber er bildet sich auf das Flugzeug nichts ein: „Der Schriftzug auf dem Flugzeug hat sich nicht geändert, seit wir es gekauft haben. Da steht kein WB oder BH, und das wird sich auch kaum ändern."[69]

* * *

Auf die Frage eines Aktionärs, ob er überhaupt wisse, wie populär er eigentlich mittlerweile sei, antwortete Buffett: „Vielleicht sollte ich das mal meinem Friseur sagen, wir könnten meine abgeschnittenen Locken aufbewahren."[70]

* * *

Als man Buffett darauf hinwies, daß viele ihn als eine Art Volksheld betrachten und alles, was er tut, mit großer Aufmerksamkeit verfolgen, erwiderte er: „Ich verfolge auch mit großer Aufmerksamkeit, was ich tue, und ich bin weit weniger beeindruckt."[71]

ÜBERLEGE DIR, WER DEIN VORBILD WERDEN SOLL

„Wer im Leben die richtigen Vorbilder hat, kann sich glücklich schätzen. Ich rate allen – soweit man das eben kann –, sich ein paar Vorbilder auszusuchen. Die richtigen zu finden, ist das Wichtigste überhaupt", sagt Buffett.

Zu Buffetts größten Vorbildern zählen sein Vater Howard, sein Mentor Ben Graham und der Schriftsteller Phil Fisher. Warum ausgerechnet diese Menschen?[72]

HOWARD HOMAN BUFFETT

„Er brachte mir bei, nichts zu tun, was auf die Titelseite einer Zeitung gelangen könnte. Ich habe nie einen besseren Menschen kennengelernt als meinen Vater."[73]

ANMERKUNG: Buffett erklärte später, daß er damit sagen wollte, daß sein Vater ihm beigebracht hatte, nie etwas zu tun, das ihn oder seine Familie unglücklich machen würde, wenn es auf die Titelseite einer Zeitung käme.

* * *

Buffetts Mutter erklärt die Vater-Sohn-Beziehung folgendermaßen: „Warren und sein Vater waren immer die besten Freunde. Für Warren war sein Vater ein großes Vorbild. Howard war ein wunderbarer Ehemann und Vater. Er hat es nie für nötig befunden, die Kinder zu bestrafen. Er setzte auf Vernunft und Überzeugung."[74]

* * *

Kurz nachdem sein Vater sich bei einer Abstimmung im Repräsentantenhaus für eine unpopuläre arbeitsrechtliche Maßnahme ausgesprochen hatte, gab es ein Baseballspiel in seiner Heimatstadt. Als der Kongreßabgeordnete Buffett begrüßt wurde, buhte ihn die Menge aus. Buffett erinnert sich: „Er konnte mit so etwas sehr gut umgehen. Er verlangte nicht, daß sich die Welt mit einem Mal völlig veränderte.“[75]

* * *

Buffetts Vater war überzeugter Republikaner und Mitglied der John Birch Society. Dennoch vertritt Buffett eine andere politische Haltung als sein Vater:

> *„Ich begann vor allem deswegen, die Demokraten zu unterstützen, weil ich den Eindruck hatte, daß sie dem, was ich mir in den frühen sechziger Jahren unter Bürgerrechten vorstellte, um einiges näherkamen. Ich unterstütze nicht alles, was die Partei sagt, aber ich wähle wahrscheinlich doch öfter Demokraten als Republikaner.“*[76]

* * *

> *„Was die Produktion angeht, bin ich wohl eher Republikaner, was aber die Verteilung angeht, eher Demokrat.“*[77]

PHIL FISHER

Fisher ist einer der ersten großen Denker des modernen Kapitalmanagements und Autor von Büchern wie *Common Stocks and Uncommon Profits* und *Conservative Investors Sleep Well*. Buffetts Stil stammt nach eigenen Angaben zu 85 Prozent von Ben Graham und zu 15 Prozent von Fisher: „Durch ihn habe ich den Wert der ‚Gerüchteküche‘ zu schätzen gelernt: Unterhalte dich mit Konkurrenten, Zulieferern und Kunden; finde heraus, was in einer Branche oder einem Unternehmen wirklich vor sich geht."[79]

ANMERKUNG: Fishers Sohn Kenneth schreibt eine Kolumne für *Forbes*.

BILL GATES

„Ich bin nicht kompetent genug, um seine technischen Fähigkeiten einzuschätzen, aber ich weiß, daß sein geschäftliches Know-How einzigartig ist", so Buffett. „Hätte Bill eine Hot Dog-Bude eröffnet, würde man ihn eben jetzt auf der ganzen Welt den ‚Hot Dog-König' nennen. Egal, was er macht, er würde immer gewinnen. Er wäre auch in meinem Geschäft sehr gut, aber ich nicht in seinem."[80]

* * *

Was die Zukunft von Gates und Microsoft in der sich rasch wandelnden Welt der Computersoftware betrifft:

„Ich würde einfach auf ihn setzen. Dabei hat bisher noch keiner sein Geld verloren."[81]

BENJAMIN GRAHAM

Buffett: „Graham war der intelligenteste Mensch, den ich kannte."[82] (Mehr über Ben Graham ab Seite 100.)

ANMERKUNG: Auch Rose Blumkin, die Gründerin der Nebraska Furniture Mart, und all seine Lehrer stehen in Buffetts Gunst weit oben. Auch darüber später mehr.

GLAUBE NICHT ALLES, WAS DU LIEST

„Vielleicht sind die Trauben von einem vier Hektar kleinen Weingut in Frankreich wirklich die besten der Welt, aber ich habe schon immer den Verdacht, daß das zu etwa 99 Prozent am Ruf, und zu etwa einem Prozent am Geschmack liegt."[83]

TEILE DEIN WISSEN MIT ANDEREN

Als Bill Gates sich verlobte, flog er mit seiner Auserwählten nach Omaha, um bei Borsheim´s, einem Juweliergeschäft, das Berkshire gehört, einen Verlobungsring zu kaufen.

„Also, ich möchte dir ja nicht reinreden", sagte Buffett, der dafür bekannt ist, daß er keine Hemmungen hat, für seine Unternehmen Werbung zu machen, „aber als ich meiner Frau 1951 einen Verlobungsring kaufte, investierte ich dafür sechs Prozent meines Vermögens."[84] Obwohl Gates damals erst 37 Jahre alt war, war er bereits Multimilliardär. Sechs Prozent seines Vermögens hätten ungefähr 500 Millionen Dollar entsprochen.

* * *

Buffett betont, er hege keine politischen Ambitionen, könne aber gewählten Politikern helfen, die richtigen Prioritäten zu setzen. Buffett schlägt vor, eine „Drei-Prozent-Lösung" anzustreben, statt einen ausgeglichenen Staatshaushalt zum Verfassungsgegenstand zu machen:

„Es sollte eine Verfassungsänderung beschlossen werden, die festlegt, daß jeder Parlamentsabgeordnete und Senator nicht für eine Wiederwahl kandidieren darf, wenn auch nur in einem Jahr seiner Amtszeit unser Haushaltsdefizit mehr als drei Prozent des BIP (Bruttoinlandsprodukts) beträgt. Käme es zu dieser Verfassungsänderung, wären die natio-

nalen Interessen und die persönlichen Interessen unserer Gesetzgeber mit einem Schlag eins.“

Laut Buffett würde dieser Vorschlag der ganzen Nation dienen:

„Es ist nicht die Verschuldung an sich, die einen einzelnen, ein Unternehmen oder ein Land ruiniert. Es sind vielmehr die im Verhältnis zum Einkommen ständig wachsenden Schulden, die Probleme bereiten.“

Andere Maßnahmen, die nationale Verschuldung in den Griff zu bekommen, seien fehlgeschlagen, weil Politiker, die tatsächlich Ausgaben kürzten oder Steuern erhöhten, nicht wiedergewählt wurden:

„Es gibt einfach nicht genügend Heilige, um die Belegschaft einer riesigen Institution zu stellen, die verlangt, daß ihre Mitglieder freiwillig gegen ihre eigenen persönlichen Interessen handeln.“[85]

WAS HEISST HIER ALT?

„Gedanken an den Ruhestand? So ungefähr fünf oder zehn Jahre nach meinem Tod.“[86]

* * *

Buffetts Einstellung gegenüber seinem Alter gilt auch für seine Mitarbeiter:

„Unser Vorbild ist Methusalem.“[87]

* * *

Buffett vergleicht die Coca-Cola-Unternehmensleitung mit einer Siegermannschaft:

„Wenn man die Yankees von 1927 vor sich hat, wünscht man sich einfach, sie wären unsterblich.“[88]

* * *

Als Rose Blumkin 94 Jahre alt wurde, machte Buffett die Bemerkung, er sei nun gezwungen, die grundsätzliche Verpflichtung 100jähriger zum Ausscheiden aufzuheben, damit Mrs. B auch weiterhin in der Lage sei, die Nebraska Furniture Mart, die mittlerweile Berkshire gehörte, von ihrem elektrischen Golfmobil aus zu leiten, mit dem sie überall hinfuhr. Buffett: „Mein Gott. Gute Führungskräfte sind so rar, daß ich mir auf keinen Fall den Luxus leisten kann, sie gehen zu lassen, nur weil sie ein Jährchen älter geworden sind.“[89]

* * *

„Es ist schwer, einem neuen Hund alte Kunststücke beizubringen. Aber mit Leuten, die jedes Jahr aufs neue einen Hattrick erzielen, haben wir nie viel Probleme gehabt. Sie sind zwar reich, aber sie lieben ihre Arbeit. Und unseren Managern ist noch nie etwas zugestoßen. Wir bieten ihnen Unsterblichkeit.“[90]

ROSE BLUMKIN, DIE MATRIARCHIN DER NEBRASKA FURNITURE MART

Für Warren Buffett ist die 102 Jahre alte, 1,47 Meter große Rose Blumkin ein Wahrzeichen von Omaha. Er empfiehlt allen Besuchern, die den Weg nach Omaha finden, ihr einen Besuch abzustatten. Mrs. B, wie sie in Omaha genannt wird, ist die Gründerin der riesigen modernen Nebraska Furniture Mart. In Gesprächen mit Graduierten und anderen, die sich mit wirtschaftlichen Prinzipien befassen, beschreibt Buffett oft ihren gesunden Menschenverstand und ihre Arbeitsmoral. Mrs. B, die in ihrem Leben nicht einen einzigen Tag Schule genossen hatte, wanderte mit 23 Jahren alleine aus Rußland ein, um bei ihrem Ehemann in den Vereinigten Staaten zu leben.

Mrs. Bs Geschäftsmotto war schon immer: „Verkaufe billig und sag die Wahrheit.“[91]

„Wenn sie einen Popcornstand aufmachen würde, wäre ich gerne ihr Partner“, sagte Buffett einmal. Er kaufte sich das Möbel-Center als Geschenk zu seinem eigenen 53. Geburtstag.[92]

Mrs. B erzählt die Geschichte so: „Eines Tages spaziert er (Buffett) herein und fragt mich: ‚Wollen Sie mir Ihren Laden verkaufen?‘ Ich sage: ‚Na klar.‘ Er: ‚Wieviel wollen Sie dafür?‘ Ich sage: ‚60 Millionen.‘ Er geht in sein Büro und holt einen Scheck. ‚Sie sind doch verrückt‘, sage ich, ‚wo sind Ihre Anwälte und Buchhalter?‘ Er antwortet: ‚Ich habe mehr Vertrauen zu Ihnen.‘“[93]

Als man später das Inventar aufnahm und das Geschäft sogar 85 Millionen Dollar wert war, erhöhte Mrs. B dennoch nicht den Kaufpreis: „Ich wollte mein Wort nicht brechen – aber überrascht war ich schon. Er hat keinen Augenblick überlegt. Aber er macht seine Hausaufgaben. Ich könnte wetten, daß er es wußte.“[94]

Buffett hatte von Mrs. Bs Plänen, das Geschäft zu verkaufen, erfahren und in der Hoffnung, Mrs. B mit seinem Angebot nicht zu beleidigen, die Idee bereits mit ihrem Sohn besprochen. Der Verkauf beruhte auf einem Vertrag, der nur eine Seite lang war – ohne Buchprüfung und Bestandsaufnahme. Die Kosten für Notar und Buchhalter beliefen sich insgesamt auf 1400 Dollar. Die Investition erwies sich als großer Erfolg.[95]

„Für mich ist er der Beste", sagte Mrs. B über Buffett.[96]

Leider brach aber dann zwischen Mrs. B und ihrer Familie ein Streit aus. In Omaha wurde die Fehde mit großem Interesse verfolgt und der *Omaha World-Herald* brachte jede schmutzige Einzelheit. „Sie verließ die Nebraska Furniture Mart am 3. Mai 1989 fuchsteufelswild mit der Behauptung, ihre Enkel Ronald und Irvin Blumkin, leitende Angestellte des Unternehmens, hätten ihre Autorität in der Teppichabteilung untergraben."[97] Die ganze Familie war entsetzt, als Mrs. B einen ihrer Enkel mit Hitler verglich.

Mrs. B fand es recht bald langweilig, nur zu Hause zu sitzen, und eröffnete 1989 genau gegenüber der Nebraska Furniture Mart das fast drei Hektar große Furniture Warehouse. Sie hatte dabei keinerlei Gewissensbisse: „Warren Buffett ist ja kein Freund von mir. Mit mir hat er jedes Jahr 15 Millionen Dollar verdient und als ich den Streit mit meinen Enkeln hatte, hat er mich im Stich gelassen." Zu den Erfolgsaussichten ihres neuen Unternehmens merkte sie an: „Ich habe dieses Geschäft nicht aus finanziellen Gründen eröffnet, sondern aus Rache."[98]

Mrs. B schloß später wieder Frieden mit ihrer Familie und vergab Buffett. Sie verkaufte ihr neues Geschäft und das über fünf Hektar große Grundstück für 4,94 Millionen Dollar an die Nebraska Furniture Mart. Teil der Abmachung war, daß Mrs. B im Möbelhaus auch weiterhin ihr Teppichgeschäft betreiben konnte.

„Vielleicht erwarte ich einfach zuviel", sagte Mrs. B über den Familienzwist. Die Unternehmensführung belastete sie und als ihr Sohn sie bat, sich etwas zu schonen, entschloß sie sich zum Verkauf: „Also habe ich es verkauft. Fünf Millionen Dollar. Und die habe ich bar bekommen. Ohne Raten. Ich liebe meine Kinder."

Buffetts Kommentar: „Ich würde mich lieber auf einen Ringkampf mit Grizzlybären einlassen, als Mrs. B und ihren Nachkommen Konkurrenz zu machen."[99]

Buffett gibt zu, daß er aus dieser Affäre eine Menge lernte. Beim zweiten Mal bat er Mrs. B um eine Klausel, die es ihr untersagte, zu Lebzeiten in Konkurrenz zu ihm zu treten und machte so eine Unzulänglichkeit des zehn Jahre zurückliegenden Kaufvertrags für die Nebraska Furniture Mart wieder wett. „Ich war damals jung und unerfahren", erklärte der 62 Jahre alte Buffett.[100]

Im Rahmen einer Show des Presseclubs Omaha sang Buffett 1987 zu Ehren Rose Blumkins folgende Zeilen auf die Melodie der „Schlachtenhymne der Republik":[101]

1. Strophe:

Oh, wie groß die Euphorie,
als wir kauften ABC –
nur, daß bald das Glück vorbei war,
da der Sender Nummer drei war.
Die gesamte Last bei Berkshire
liegt nun bei Mrs. B.
Mrs. B hält keiner auf.

Refrain

Glory, Glory, Hallelujah
Solang' Sie Käufer noch bedienen
werden reicher wir mit Ihnen.
Mrs. B. hält keiner auf.

2. Strophe:

Pläne scheitern, Aktien sinken,
doch das läßt sich ruhig ertragen;
denn mir geht's nie an den Kragen.
Wie erfolglos ich auch bin,
Mrs. B. bringt den Gewinn,
kümmert sich um den Verkauf.
Mrs B. hält keiner auf

3. Strophe:

Jedes Jahr auf seiner Liste
setzt mich Forbes mit an die Spitze,
doch in Wahrheit bin ich nur
ein Dilettant auf dem Parcours.
Mrs. B schenkt mir den Segen,
leitet mich auf meinen Wegen.
Mrs. B hält keiner auf.

ÜBER FREUNDE

LERNE FREUNDSCHAFT SCHÄTZEN

„Zu meinem engen Freundeskreis zählt ein halbes Dutzend Menschen – zufällig ist die eine Hälfte männlich, die andere weiblich. Ich mag sie, und ich bewundere sie. Sie geben sich so, wie sie wirklich sind.“[102]

* * *

Wie definiert Buffett Freundschaft?

„Ich erinnere mich, daß ich diese Frage einmal einer Frau stellte, die Auschwitz überlebt hatte. Sie sagte, ihr Kriterium wäre: ‚Würden Sie mich verstecken?‘“[103]

STEHE FÜR DEINE FREUNDE EIN

„Ich war zum Mittagessen im Omaha Club – dem Club im Stadtzentrum – und bemerkte, daß dort keine Juden waren. Man sagte mir: ‚Die haben ihren eigenen Club.' Nun, es gibt jüdische Familien, die seit hundert Jahren in Omaha leben; sie haben die ganze Zeit über ihren Beitrag zur Gemeinschaft geleistet; sie haben zum Aufbau Omahas ebenso viel wie jeder andere beigetragen, und trotzdem können sie nicht einem Club beitreten, in dem John Jones, der neue mittlere Angestellte der Union Pacific, Mitglied wird, sobald er hierher versetzt wird. Das kann man kaum als fair bezeichnen. Also trat ich dem jüdischen Club bei. Es dauerte vier Monate, bis es soweit war. Man war dort etwas zurückhaltend und verunsichert, und ich mußte einiges an Überzeu-

gungsarbeit leisten. Dann ging ich wieder zum Omaha Club und erzählte dort, daß der jüdische Club nicht mehr ausschließlich jüdisch sei. Ich konnte zwei oder drei Mitglieder des jüdischen Clubs dazu bewegen, eine Mitgliedschaft im Omaha Club zu beantragen. Jetzt haben wir das Eis gebrochen."[104]

GEWINNE FREUNDE FÜRS LEBEN

1968 reisten Buffett und ein paar seiner Freunde nach Coronado in Kalifornien, wo sie ihren ehemaligen Professor an der Columbia University, Ben Graham, um einen Rat bezüglich des Aktienmarktes baten. Bis zum heutigen Tag kommt die Buffett-Gruppe Jahr für Jahr zusammen: „Damals waren sie relativ gutgestellt. Jetzt sind alle reich. Keiner von ihnen hat Federal Express oder irgend etwas derartiges erfunden. Alle haben einfach nur einen Fuß vor den anderen gesetzt. Ben hat alles aufgeschrieben. Es ist so einfach."[105]

ANMERKUNG: Der spartanische Buffett hatte ursprünglich vorgeschlagen, ein Holiday Inn aufzusuchen, aber die Gruppe stieg im eleganten, am Strand gelegenen Hotel del Coronado ab.

CHARLIE MUNGER

Charles T. Munger (73) ist gleichzeitig Buffetts bester Freund und Geschäftspartner. Wie Buffett wuchs auch Munger in Omaha auf und arbeitete als Jugendlicher in dem Lebensmittelladen, der Buffetts Großvater Ernest gehörte.

„Der Laden der Familie Buffett bot eine Einführung in das Geschäftsleben, wie man sie sich nur wünschen kann", sagte Munger. „Dort war stundenlange harte Arbeit und Konzentration erforderlich, was viele der jungen Arbeiter, zum

Beispiel auch mich (und später Ernests Enkel Warren), dazu veranlaßte, sich nach einer leichteren Karriere umzuschauen und mit Freude auch dabei Nachteile festzustellen."[106]

Da Munger etwa sieben Jahre älter ist als Buffett, lernten sich die beiden erst im Erwachsenenalter kennen. Munger wird als Buffetts Doppelgänger bezeichnet, obwohl diese Beschreibung nur bedingt zutrifft. Munger wurde an der Harvard Law School aufgenommen, obwohl er nicht einmal ein Vordiplom hatte; als Buffett sich an der Harvard Business School bewarb, wurde er abgewiesen. Der Republikaner Munger spendet freigiebig für wohltätige Zwecke, einschließlich der britischen Hungerhilfsorganisation Oxfam. Buffett wird als Demokrat praktisch sein gesamtes Vermögen einer Wohlfahrtsstiftung hinterlassen, die es dann dazu verwenden soll, zur Lösung sozialer Probleme beizutragen.

Obwohl Munger im Gegensatz zu Buffett kein besonderer Anhänger der Anlagephilosophie Benjamin Grahams ist, sagt Buffett: „Charlie hat mich in höchstem Maße geformt."[107]

Munger erläutert, wie er und Buffett voneinander profitieren: „Jeder, der mit komplizierten Aufgaben befaßt ist, braucht Kollegen. Schon allein die Notwendigkeit, eigene Ideen mit jemand anderem abzustimmen, ist etwas sehr Nützliches."[108]

Ein Freund der beiden Partner sagt, daß Buffett zwar sehr gut „Nein" sagen kann, Munger jedoch darin noch besser ist. Buffett nennt seinen Freund den „unerbittlichen Neinsager". Auf jeden Fall ist Munger ein Meister der knappen Antworten. „Charlie wird nicht nach Zeilen bezahlt", erklärt dazu Buffett.[109]

Buffett behauptet sogar: „Charlie und ich können ein vierseitiges Memo am Telefon mit drei Grunzlauten abhandeln."[110]

Buffett beschreibt seinen Freund als seinen Juniorpartner in guten Jahren und als Seniorpartner in schlechten, aber das ist nicht ernst gemeint:[111] „Charlie ist ein rationaler Mensch, sehr rational. Er geht nicht so vollkommen im Geschäft auf wie ich, aber er versteht es absolut. Wir hatten eigentlich nie Streit miteinander, ungeachtet gelegentlicher Meinungsverschiedenheiten."[112]

Außerdem: „Charlie ist der Mensch mit der schnellsten Auffassungsgabe. Er nimmt den direkten Weg von A nach Z. Er hat die Kernaussage immer schon verstanden, bevor man den Satz zu Ende gebracht hat."[113]

Buffett glaubt, daß man kein Superhirn sein muß, um als Investor erfolgreich zu sein, obschon Buffett nach Mungers Einschätzung überaus intelligent ist: „Sein Gehirn ist ein außergewöhnlicher Mechanismus, und da er sich auszudrücken versteht, kann man diesem unverschämt effektiven Hirn bei der Arbeit förmlich zusehen."[114]

Munger sagt, daß Buffett in der Öffentlichkeit und im Privatleben ein und derselbe Mensch ist: „Einer der Gründe dafür, daß Warren immer so gut aufgelegt ist, besteht darin, daß er sich nie umstellen muß."[115]

Munger sagt, er könne sich nicht daran erinnern, daß Buffett jemals wütend geworden wäre: „Selbst als ich ihn zum Angeln nach Minnesota mitnahm, das Boot zum Kentern brachte und wir ans Ufer schwimmen mußten, wurde er nicht laut."[116]

Wenn er Zeit dazu findet, hat Munger guten Rat für Anleger parat: „Es birgt riesige Vorteile, wenn man in der Lage ist, ein paar vorzügliche Investitionen zu tätigen und sich zurückzulehnen. Man gibt weniger für Broker aus. Man muß sich weniger Unsinn anhören."[117]

* * *

Munger will mehr als nur wohlklingende Versprechungen, ehe Berkshire Hathaway in ein Unternehmen investiert. Prognosen allein reichen nicht aus: „Prognosen werden von Leuten erstellt, die ein Interesse an einem bestimmten Ausgang haben, im Unterbewußtsein also voreingenommen sind – und (ihre) scheinbare Genauigkeit ist trügerisch. Sie erinnern mich an Mark Twains Ausspruch: ‚Eine Mine ist ein Loch im Boden, das einem Lügner gehört.' Prognosen sind in Amerika oft Lügen – zwar keine absichtlichen, aber doch die schlimmsten, weil derjenige, der sie erstellt, oft selbst an sie glaubt."[118]

* * *

Bullenmärkte, so Munger, machen Anleger übermütig: „Wenn man als Ente auf einem Teich schwimmt und dieser aufgrund von Regenfällen ansteigt, bewegt man sich in der Welt allmählich nach oben. Aber man hält sich selbst für die Ursache, und nicht den Teich."[119]

Munger ist sich nicht zu schade für kleine Albernheiten. Seine Antwort auf die Frage, ob er Klavier spielen könne: „Weiß ich nicht. Ich hab's nie ausprobiert."[120]

Munger bemerkt, er und Buffett hätten so oft die gleichen Gedanken, daß es unheimlich sei.[121] Einige Unterschiede zwischen den beiden sind jedoch auffällig: „In meinem ganzen Leben hat mir noch niemand vorgeworfen, bescheiden zu sein. Obgleich Bescheidenheit ein Charakterzug ist, den ich sehr bewundere, glaube ich nicht, daß ich ihn in vollem Maß mitbekommen habe."[122]

ÜBER DIE FAMILIE

VERWÖHNE DEINE KINDER NICHT

„Wenn Ihr Vater Jesse Owens (Goldmedaillengewinner bei den Olympischen Spielen 1936) wäre, würde es für Ihre Entwicklung nicht förderlich sein, wenn man Sie einen 100-Meter-Lauf an der 50-Meter-Marke beginnen ließe.“[123]

* * *

Munger erläutert Buffetts Einstellung zur Familie genauer: „Warren ist zu seinen Kindern ebenso hart wie zu seinen Angestellten. Er glaubt, daß man jemandem, den man liebt, nichts Gutes tut, wenn man ihm etwas gibt, auf das er keinen Anspruch hat. Und das ist ein Teil von Warrens Persönlichkeit.“[124]

* * *

Buffett nennt ererbten Reichtum „Lebensmittelmarken für Reiche“.

„Diejenigen, die glauben, daß Lebensmittelmarken die Initiative schwächen und zu einem Teufelskreis der Armut führen, sind dieselben, die ihren Kindern Unmengen von Geld vermachen wollen.“[125]

* * *

Das Gerücht, Buffett hätte seine Kinder aus seinem Testament ausgeschlossen, ist allerdings falsch:

„Sie sind durchaus mit Geschenken bedacht worden, aber sie werden nicht das Leben von Superreichen führen. Ich glaube, sie sind ziemlich zufrie-

den damit, wie sie aufgewachsen sind. Sie kommen alle gut zurecht und sind in der Hinsicht unabhängig, daß sie sich nicht dazu verpflichtet fühlen, auf irgendeine Art vor mir zu buckeln.“[126]

* * *

Nachdem er seine Familienphilosophie einer Gruppe von Studenten erklärt hatte, gab Buffett zu:

„Meine Kinder würden sich freuen, hier nächste Woche ihren Widerspruch anmelden zu dürfen.“[127]

* * *

Buffett ist offensichtlich überzeugt davon, daß seine Erziehungsmethoden zu guten Ergebnissen geführt haben:

„Sie sind alle ihren eigenen Weg gegangen und haben damit viel erreicht. Sie sind produktiv und erwarten nicht, daß es reicht, das Kind irgendeines reichen Vaters zu sein.“[128]

* * *

„Ich habe Respekt vor dem, was meine Kinder machen, und ich glaube nicht, daß meine Art zu leben der ihren überlegen ist. Wenn sie ins Geschäft einsteigen wollen, ist das prima, aber ich erwarte es nicht von ihnen. In einem Brief, der meinem letzten Willen beigefügt ist, steht, daß diejenigen meiner Nachkommen, die Interesse am Geschäft zeigen, geringfügig zu begünstigen sind – aber nur geringfügig.“[129]

* * *

Von mehr als geringfügiger Begünstigung kann in der Tat keine Rede sein. Als Buffetts Sohn Howard sich in Omaha um den Posten eines Kreisverwaltungsbeamten bewarb, nahmen die Wähler aufgrund seines Nachnamens an, daß die Kampagne gut finanziert sein würde. Ganz im Gegenteil. Buffett:

„Ich bat ihn darum, seinen Namen mit Kleinbuchstaben zu schreiben, um für jedermann klarzustellen, daß er derjenige Buffett ohne Kapital ist."[130]

* * *

Folgende Begebenheit war in einem Interview im *Outstanding Investor Digest* mit Buffetts Freund, dem Topinvestor Walter Schloss, zu lesen.

„Wir haben erfahren, daß Peter Kiewit ... einen Vater hatte, der den Gefahren ererbten Wohlstands gegenüber die gleiche Einstellung hatte wie Buffett heute", sagte der Interviewer.

„Wir erinnern uns daran, daß Peter Kiewit jun. sehr zu seiner eigenen Überraschung einige Jahre nach dem Tod seines Vaters nachträglich und völlig überraschend ein Erbe von mehreren Millionen Dollar zufiel. Obgleich das im Vergleich zu dem Vermögen, das sich sein Vater erarbeitet hatte, und zu dem Erfolg, den er selbst erreicht hatte, nur eine unbedeutende Summe war, sagte er, es habe ihm das Gefühl gegeben, daß sein Vater ihm noch nach dem Tod seine Anerkennung aussprach."[131]

ANMERKUNG: Peter Kiewit war bis zu seinem Tod der reichste und bekannteste Bürger Omahas. Buffetts Büros befinden sich an der Kiewit Plaza.

WAS ANDERE ÜBER WARREN BUFFETT SAGEN

SUSAN BUFFETT (MAMA), WARRENS EHEFRAU

Obwohl Susan und Warren Buffett nicht geschieden sind, wohnt Frau Buffett seit fast zwei Jahrzehnten in San Francisco. Susie ist die Mutter der drei erwachsenen Kinder des Ehepaares; sie besitzt selbst viele Anteile an Berkshire Hathaway und ist Erbin des Buffett-Vermögens.

Als man ihr einen Artikel eines Bewunderers mit dem Titel „Wertinvestment, der Schlüssel zu Warren Buffetts Erfolg" gab, ließ sie sich spontan zu einigen scherzhaften Bemerkungen hinreißen. Der Behauptung, *sie* sei der Schlüssel zum Erfolg ihres Gatten, stimmte sie lachend zu.[132] Auch wenn Susie Buffett natürlich nur flachste, sagen Freunde, die Familie und Buffett selbst, daß daran viel Wahres ist.

Über ihren Ehemann sagt Susie Buffett: „Er ist wie ein Farbfernseher im Vergleich zu einem schwarzweißen. Die meisten Menschen werden in Schwarzweiß geliefert."[133]

Buffett hat ein kleines Schild an der Wand hängen, das ihm seine Frau geschenkt hat. Darauf steht:

> *„Ein Narr und sein Geld sind überall gern gesehen."*

ASTRID MENKS, BUFFETTS LEBENSGEFÄHRTIN

Weder Astrid Menks noch Buffett reden viel über ihre Beziehung, obgleich Buffett zugibt, daß die Dreiecksbeziehung ungewöhnlich ist.

„Wenn Sie jeden von uns gut kennen würden, könnten Sie es gut nachvollziehen", sagt Buffett.[134]

Menks sagt: „Für mich ist es so ideal; ich würde nichts ändern wollen."

Einem Reporter, der sie erniedrigen wollte, indem er von ihr als „ehemaliger Kellnerin“ oder „Bardame“ sprach, soll sie entgegnet haben: „Hören Sie, mit dieser Art von Frauen will ich nicht in Zusammenhang gebracht werden. Ich bin jetzt seit 13 Jahren (seit 1978) mit Warren zusammen. Ich bin kein Flittchen und auch nicht dumm.“[135]

ANMERKUNG: Es ist zweifelhaft, inwieweit dieses Zitat den Tatsachen entspricht. Menks wurde offenbar von einem Reporter zu einer Antwort verleitet, und der Artikel, der daraufhin erschien, spiegelte ihre Gefühle nicht wider. Sie sagt, daß sie Kellnerinnen in Wahrheit respektiert, ebenso wie jede andere Frau, die ihren Lebensunterhalt verdient.

SUSAN BUFFETT (LITTLE SUSIE), WARRENS TOCHTER

Susie-die-Jüngere steht ihrem Vater sehr nahe, sagt aber, daß das Bild einer reichen Frau, das die Öffentlichkeit von ihr hat, sie frustriert. Buffett hat immer betont, daß er seinen Kindern helfen will, aber nicht zu sehr. Susie sagt, besonders störe sie die große Zahl von Leuten, die sie um Spenden bitten.

„Die Leute verstehen nicht, daß, wenn ich meinem Vater einen Scheck über 20 Dollar ausstelle, er diesen Scheck auch einlöst. Wenn ich jetzt 2000 Dollar hätte, würde ich erst meine Kreditkartenrechnung begleichen.“[136]

ANMERKUNG: Buffett zahlt 500000 Dollar pro Jahr in eine Stiftung namens Sherwood Foundation ein, damit jedes seiner Kinder und seine Lebensgefährtin Astrid Menks ihre eigenen Spendenbeträge von je etwa 100000 Dollar pro Jahr einzahlen können. Buffett kontrolliert nicht, wie die Spenden getätigt werden.

* * *

Als sie aufwuchs, war Susie sich der Tatsache nicht bewußt, daß ihr Vater anders war: „Jahrelang wußte ich nicht einmal, was er machte. In der Schule fragten sie mich, was er von Beruf sei, und ich sagte: Wertpapieranalyst. Da dachten sie, er wäre ein Recyclingfachmann.“[137]

* * *

Susie weiß jetzt Bescheid, aber ihr Vater hat sich nicht sehr verändert: „Mein Vater fühlt sich am wohlsten, wenn er im Haus ausspannen, lesen, Bridge spielen und mit uns reden kann. Er ist so normal, wie man nur sein kann.“[138]

* * *

„Das Ganze ist ein einziges großes Spiel für ihn. Der Sieger wird mit Dollars ausgezeichnet. Er gibt nichts aus. Er wird sein Auto fahren und seine Kleider tragen, bis sich alles in seine Einzelteile auflöst“, erklärt die junge Susie.[139]

PETER BUFFETT, WARRENS SOHN

Buffetts drittes und jüngstes Kind Peter komponiert erfolgreich elektronische Musik. Er hat Musik für die Filme *Der mit dem Wolf tanzt* und *Der scharlachrote Buchstabe* geschrieben. Zusammen mit seinen älteren Geschwistern hat Peter die öffentliche Schule in Omaha besucht.

„Solange ich denken kann, war er immer der Ansicht, daß wir drei das tun sollten, was uns glücklich macht“, sagt Peter über seinen Vater. „In dieser Hinsicht war er großartig.“

Heute sagte der junge Buffett: „Er ist im Grunde derselbe Mensch, der er vor dreißig Jahren war. Er fragt mich zum Beispiel: ‚Was kriegst du so für *Der Scharlachrote Buchstabe* bezahlt?‘ ‚Ich habe soundsoviel gekriegt.‘ Und er dann: ‚Na, das ist ganz schön viel Geld!‘“[140]

* * *

Peter ist der Meinung, daß die schlichte Art seines Vaters seine Beliebtheit erklärt: „Ich glaube, daß sie der Grund dafür ist, warum er die Art von Achtung erhält, die man ihm entgegenbringt. Er hat es wirklich auf ehrliche Weise, ohne viel Aufhebens und mit viel Respekt vor anderen Leuten geschafft.“[141]

* * *

Und doch: „Mein Vater sagt, daß Geld nicht wichtig sei, aber es ist ihm wichtig. Nicht, weil er es ausgeben will, sondern weil es ihn als Gewinner ausweist“, sagt Peter Buffett.[142]

LEILA BUFFETT, WARRENS MUTTER

In der Unterstufe der High School war Buffett kein herausragender Schüler, obwohl seine Mutter sagt, daß seine Noten nur vorübergehend schlecht waren: „Ich glaube, Warren machte damals eine Phase durch. Er hatte davor und danach immer sehr gute Zensuren. Er war ein guter Junge. Einfach zu erziehen. Er hat uns nie Kummer gemacht, nie geraucht und nie getrunken.“[143]

Auf die Frage, ob sie gewußt habe, daß ihr Sohn einmal so großen Reichtum anhäufen würde, antwortete sie: „Um Himmels willen, nein; ich hätte mir nie träumen lassen, daß es so kommen würde. Aber Warren hegte in Verbindung mit dem Geldverdienen schon immer eine Faszination für Zahlen.“[144]

* * *

Die Mutter schätzte Buffett wegen seiner selbst, nicht wegen seines Reichtums: „Ich bin eher darauf stolz, was für ein Mensch er geworden ist. Er ist ein wunderbarer Mensch.“[145]

ANMERKUNG: Leila Buffett verstarb im Sommer des Jahres 1996.

„DOC“ WILLIAM ANGLE

Doc Angle gehörte zu Omahas „Buffett-Millionären“. Er war einer der frühen Investoren und legte in den fünfziger Jahren etwas mehr als 10 000 Dollar bei Buffett an. Anfang der neunziger Jahre war diese Investition auf über 100 Millionen Dollar angewachsen. Angle verstarb vor ein paar Jahren, seine Familie besitzt jedoch noch immer Anteile.

„Warren mag einen unbeschwerten Eindruck machen, doch bringt ihn nichts so sehr aus der Fassung, wie Geld zu verlieren – er gewinnt sehr, sehr gerne. Er liebt das Spiel. Am Ende steht immer das Geld – natürlich nicht, um es auszugeben, sondern um mehr davon anzusammeln.“[146]

WALTER SCHLOSS

Buffett besuchte die Columbia University, als er Walter Schloss kennenlernte. Später arbeiteten die beiden zusammen bei Graham-Newman Co. Schloss schied später aus, um seine eigene Investmentfirma zu gründen. Buffett hat ihn als „Superinvestor von Graham & Doddsville“ bezeichnet. Schloss erinnert sich an den jungen Buffett:

„Einer der Gründe dafür, daß Warrens Persönlichkeit so einnehmend wirkt, ist, daß er einen guten Sinn für Humor besitzt und die tollsten Geschichten erzählen kann. Aber angeblich war er schüchtern, als er jung war, und wollte das überwinden. Er besuchte also einen Dale Carnegie-Managerkurs ...

Ich sah ihn damals in Omaha, 1961 oder 1962, als er vor einer Versammlung des Rotary Clubs aufstand und eine hervorragende Rede hielt, die darin gipfelte, daß er um eine Spende bat. Er war der Jüngste dort und die Rede war sehr, sehr witzig. Ich wünschte, ich hätte ein Tonbandgerät dabeigehabt. Es war umwerfend.“[147]

* * *

Was den hohen Kurs der Berkshire Hathaway-Aktie betrifft, ist Schloss der Meinung, daß es weitaus besser sei, die Anzahl der im Umlauf befindlichen Anteile an Berkshire Hathaway mit dem Aktienkurs zu multiplizieren und das Ergebnis dann mit anderen, ähnlich großen Unternehmen in Bezug auf Einnahmen und Vermögenswerte zu vergleichen.

„Die Leute ziehen nie den Marktwert eines Unternehmens in Betracht, an dem sie Anteile erwerben. Sie achten eher auf den Anteilspreis als auf den Wert des Unternehmens.“[148]

ANMERKUNG: Mehr zu Schloss ab Seite 114.

PHIL CARRET

Carret ist einer jener erfolgreichen, langfristig orientierten Investoren, die John Train in *The New Money Masters* beschreibt. Obwohl er 99 Jahre alt ist, läßt Carret niemals die Jahreshauptversammlung bei Berkshire Hathaway aus. Über Buffett sagt er:

„Er ist ein Freund von mir. Und er ist schlauer als ich. Das hat er bei General Foods bewiesen – einem reizlosen Unternehmen, das vor allem mit Kaffee handelte. Als Berkshire Hathaway die Aktie kaufte, dachte ich bei mir: ‚Na, dieses Mal hat sich Warren aber vertan.‘ Die Aktie stand ungefähr bei 60 Dollar, als ich von der Transaktion erfuhr. Innerhalb von ein paar Monaten stieg sie auf 120 Dollar ... ha, ha!‘ (Carret lacht tief und kehlig, wenn er solche Geschichten erzählt. Besonderen Gefallen findet er an Geschichten, in denen sich die allgemeine Auffassung als vollkommen irrig erweist.)“[149]

BILL GATES, GRÜNDER VON MICROSOFT

Gates wurde von seiner Mutter zu einem Picknick eingeladen, das den ganzen Tag dauern sollte, und in dessen Verlauf sie vorhatte, ihren Sohn mit Buffett, Gates' Rivalen um den Titel des reichsten Amerikaners, bekanntzumachen. Gates hatte keine Lust, weil er dachte, er hätte mit einem Mann, der den ganzen Tag nichts anderes tat als zu investieren, nur wenig zu reden. Er beschloß aber mitzugehen, als er erfuhr, daß Katharine Graham, die ehemalige Herausgeberin der *Washington Post*, ebenfalls teilnehmen würde.

Als Gates und Buffett sich trafen, kamen sie jedoch miteinander ins Gespräch und verstanden sich bald blendend. Buffett war bei Gates' Hochzeit auf Hawaii zu Gast; später begleiteten Warren und Susan Buffett Gates auf einer Reise durch China. Obwohl Gates ihre Gespräche als „offen und nicht im geringsten feindselig" beschreibt, tragen die beiden „ab und zu mathematische Wettkämpfe" aus.

Gates erzählt, daß Buffett ihn einmal zu einem Würfelspiel herausforderte, bei dem er vier ungewöhnliche Würfel mit verschiedenen Zahlen von 0 bis 12 auf den Seiten verwendete. Buffett schlug vor, jeder von ihnen solle sich einen Würfel aussuchen, die restlichen zwei sollten dann weggelegt werden, und dann würde darum gewettet, wer am häufigsten die höhere Zahl würfelte. Buffett ließ Gates zuerst einen Würfel aussuchen. Dieser Vorschlag weckte sofort Gates' Neugierde. Er bat sich aus, die Würfel erst zu untersuchen, anschließend forderte er Buffett auf, zuerst zu wählen.

„Es war aufgrund der geschickten Verteilung der Zahlen auf die Würfel nicht sofort klar, daß diese nicht transitiv waren", sagte Gates. „Das mathematische Prinzip der Transitivität, das besagt, daß immer, wenn A B und B C schlägt, A auch C schlägt, galt hier nicht. Wenn Würfe wiederholt wurden, konnte jeder der vier Würfel von einem anderen geschlagen werden. Würfel A würde Würfel B in durchschnittlich 11 von 17 Würfen schlagen – das heißt, in fast zwei Dritteln der Würfe. Würfel B würde Würfel C mit derselben Häufigkeit schlagen. Ebenso würde Würfel C Würfel D in 11 von 17 Würfen schlagen. Und – so unwahrscheinlich es auch klingen mag – Würfel D würde Würfel A genauso oft schlagen."[150]

JOHN TRAIN, AUTOR DES BUCHES „THE NEW MONEY MASTERS"

„In seinem Beruf muß man ein Hai sein – aber er ist eine liebenswerte Ausgabe dieser Spezies."[151]

JACK BYRNE, VORSTANDSVORSITZENDER VON GEICO

Byrne und ein paar seiner Golffreunde befanden sich auf einem Ausflug nach Pebble Beach, als sie Buffett zum Scherz eine Wette anboten: Er sollte 10 Dollar, sie 20 000 Dollar einsetzen, und sie wollten wetten, daß er es nicht schaffen würde, innerhalb der nächsten drei Tage beim Golfen ein As zu erzielen. Alle außer Buffett gingen auf die Wette ein.

„Nun, wir haben ihn provoziert und versucht, ihn mit Schmeicheleien zu überreden – schließlich ging es nur um zehn Dollar", sagte Byrne. „Aber er dachte nach und kam zu dem Schluß, daß es keine gute Wette für ihn war. Er sagte, wenn man sich erlaubt, in kleinen Dingen undiszipliniert zu sein, wird man wahrscheinlich auch in wichtigen Dingen undiszipliniert."[152]

MICHAEL A. GOLDBERG, LEITER DER VERSICHERUNGSBETEILIGUNGEN VON BERKSHIRE HATHAWAY

„Warren Buffett ist ein Mensch, der um so außergewöhnlicher wird, je näher man ihn kennt. Wenn man anderen erzählt, wie er ist, glauben sie, man hätte sich blenden lassen."[153]

* * *

„Er prüft ständig alles, was er hört: ‚Ist es schlüssig und plausibel? Ist es falsch?' Er hat ein Abbild von der ganzen

Welt in seinem Kopf gespeichert. Der Computer darin vergleicht jede neue Tatsache mit seiner bisherigen Erfahrung und seinem Wissensstand und fragt dann: ‚Was bedeutet das für uns?‘“[154]

LALLY WEYMOUTH, SCHRIFTSTELLERIN (UND KATHERINE GRAHAMS TOCHTER)

„Ich glaube, das Geheimnis seines Erfolges liegt in seiner ungebremsten Neugierde.“[155]

CHUCK HUGGINS, LEITER VON SEE'S CANDY

„Wenn ich mit ihm rede, ist er immer obenauf, immer positiv.“[156]

DENNIS ECKART, KONGRESSABGEORDNETER AUS OHIO

Bei einer Anhörung im Kongreß, die 1991 stattfand und die Affäre um Salomons Geschäfte mit Staatsanleihen zum Thema hatte, lobte Eckhart Buffett dafür, daß er Verantwortung übernahm: „Gordon Gekko und Sherman McCoy sind noch immer an der Wall Street, und es geht ihnen prächtig. Mr. Buffett, schreiten Sie ein und räumen Sie einmal ordentlich auf.“[157]

IRVING KAHN, VERMÖGENSVERWALTER AUS NEW YORK

Kahn arbeitete viele Jahre lang als wissenschaftlicher Assistent für Ben Graham an der Columbia University. Dort traf er zum ersten Mal mit Buffett zusammen. „Er war damals kaum anders als heute, aber er war ein forscher, unerhört selbstsicherer junger Mann – er war immer mit eigenen Dingen beschäftigt. Er besitzt unglaubliche Energie. Er konnte Menschen mit Worten zermürben. Er hatte den ausgeprägten Ehrgeiz, Geld zu verdienen.“[158]

SWOOZIE KURTZ, SCHAUSPIELERIN, ENTFERNTE VERWANDTE UND FREUNDIN

„Die Leute glauben noch immer, daß Warren ein Landei aus Omaha ist, und er läßt sie auch gerne in dem Glauben. Aber nichts könnte der Wahrheit ferner sein. Er ist ein unglaublich kultivierter Mensch."[159]

ANTHONY ABBOTT, BESITZER DES FRENCH CAFE IN OMAHA

Vielleicht, meint Abbott, bekommt jeder den Warren Buffett zu sehen, den er haben will: „Warren ist ein Held, und die Leute haben es gern, wenn ihre Legenden einfach und unkompliziert sind. Natürlich ist nichts von alledem unkompliziert."[160]

ARRANGIERE DICH MIT DEINER FRAU

Außenstehende – und manchmal auch Freunde und Familienmitglieder – verstehen nicht, warum Warren und Susan Buffett verheiratet bleiben, aber getrennt leben. Diejenigen jedoch, die mit den Buffetts gemeinsam Zeit verbringen und Buffets Lebensgefährtin Astrid Menks kennenlernen, haben das Gefühl, daß es bei dieser Konstellation keinen Verlierer gibt. Buffett, der liebevoll von seiner Frau spricht, beschrieb Susie Buffett einmal so: „Irgendwie ist sie immer rastlos und in Bewegung. Sie ist ein Freigeist."[161]

* * *

Zu der Zeit, als ihr jüngstes Kind den Schulabschluß machte, begann Susie Buffett eine Karriere als Varietésängerin. Einem Reporter gegenüber sagte sie: „Ich bin wirklich stolz auf mich. Weil es nichts gibt, wofür ich mehr Mut gebraucht hätte als für den Versuch, zu singen. Nichts. Ich bin so stolz, daß ich es fertiggebracht habe. Ich kann kaum glauben, daß ich es fertiggebracht habe."[162]

* * *

Susie erzählt, ihr Ehemann habe sie ermutigt: „Es war Warren. Er war es. Er wußte es. Er sagte zu mir: ‚Susie, du kommst mir vor wie jemand, der nach 23 Jahren seinen Job verloren hat. Also, was willst du machen?' Er wußte, daß ich singen wollte. Aber ich hatte unglaubliche Angst davor."

Und was war Buffetts Motiv? „Warren versteht mich. Und er gönnt mir mein eigenes Leben. Wenn man jemanden liebt, tut man das eben."[163]

* * *

Eunice Denenberg, eine Freundin der Familie, sieht Frau Buffett so: „Susie ist einer von diesen klassischen guten Menschen, von denen viele glauben, daß es sie heutzutage nicht mehr gibt. Also unterstellen ihr die Leute zum Teil die eigenen, weniger noblen Eigenschaften, weil sie es nicht ertragen können."[164]

SEI NETT ZU DEINER MUTTER

Einige Autoren haben Buffetts Mutter als launisch beschrieben. Buffett müsse eine schwere Kindheit gehabt haben. Buffett spricht liebevoll von seiner Mutter. Er war der 92jährigen Witwe gegenüber stets großzügig und stellte sie manchmal auf Jahreshauptversammlungen vor. Einmal kaufte er sich einen Heimtrainer und nahm (neben einem neuen Auto) auch einen für seine Mutter mit:

„Zusammen haben wir 40 000 Kilometer damit abgestrampelt, allerdings steht das meiste davon auf ihrem Zähler... Ich hätte ihr ein richtiges Fahrrad kaufen sollen, statt eines Cadillacs."[165]

* * *

Buffetts Mutter klärt die Situation auf: „Warren hat mir zum achtzigsten Geburtstag einen Cadillac geschenkt. Ich bin nur knapp 13 000 Kilometer damit gefahren. Aber ich habe über 30 000 Kilometer auf dem Heimtrainer zurückgelegt."[166]

* * *

Buffett wiederum weiß die Gaben zu schätzen, die er von seiner Mutter mitbekommen hat:

> *„Meine Gesundheit ist bestens. Ich war gerade das erste Mal seit sechs oder sieben Jahren bei einer Generaluntersuchung. Der Arzt fragte nach meiner Ernährung und sagte: ‚Sie verlassen sich ziemlich stark auf Ihre Gene, habe ich recht?'"*[167]

WAS SEINE KRITIKER SAGEN

Trotz seines Rufs als geradliniger Mensch hat Buffett auch Kritiker. Das *Wall Street Journal* warf ihm vor, er nutze seinen guten Ruf und seinen Reichtum aus, um sich Geschäfte zu sichern, die für andere Anleger unmöglich wären.

„Indem er USAir, Gillette und Salomon Unterstützung im Kampf gegen Übernahmeversuche anbot, gelang es ihm, exklusive und äußerst vorteilhafte Investitionsgeschäfte für seine Investmentfirma Berkshire Hathaway abzuschließen, von denen andere Anteilseigner ausgeschlossen waren; allein diese drei Abschlüsse belaufen sich auf insgesamt 1,7 Milliarden Dollar."

Und später im selben Bericht: „Mr. Buffett ist es ‚außerordentlich gut gelungen, die Öffentlichkeit davon zu überzeugen', daß er als Retter in der Not Investitionen tätigt, die zum Wohle Amerikas sind, stellt ein wohlbekannter Übernahmegeier fest. Aber darüber, ob es klug von den Unternehmen ist,

Schutzvereinbarungen mit Mr. Buffett auszuhandeln, ist das letzte Wort noch nicht gesprochen."[168]

ANMERKUNG: Buffett war später dazu gezwungen, eine leitende Funktion bei Salomon auszuüben, um der Firma dabei zu helfen, sich von einer Affäre um illegale Geschäfte mit Staatsanleihen zu erholen; außerdem mußte er aufgrund der USAir-Investitionen 268,5 Millionen Dollar abschreiben. Buffett zog sich aus diesen beiden Unternehmen zurück, als sich die Gelegenheit dazu ergab. Gillette hat sich allerdings gut entwickelt. Letztendlich mußte Berkshire Hathaway aber bei USAir auch keinen Verlust hinnehmen. Die Aktien kehrten nicht nur wieder zu dem Kurs zurück, zu dem Buffett sie gekauft hatte, sondern USAir kündigte auch eine ansehnliche Dividende an.

SIR JAMES GOLDSMITH, BRITISCHER INDUSTRIELLER

„Ich verstehe Leute wie Warren Buffett nicht, die sich damit brüsten, daß sie noch in ihrem ersten Haus wohnen und mit einem gebrauchten Chevy zur Arbeit fahren, obwohl sie Milliardäre sind."

Nachdem dieses Zitat im Magazin *Time* erschienen war, rief Goldsmith Buffett an und entschuldigte sich, wobei er andeutete, daß man ihn falsch zitiert hatte.[169]

ALLEN GREENE, REDAKTEUR DER „BUFFALO NEWS" UND SPÄTER GEWERKSCHAFTSVORSITZENDER

Als man ihn 1982 fragte, ob die *Buffalo News* angesichts ihrer hohen Profitabilität einen Gewinnbeteiligungsplan in Angriff nehmen könnte, soll Buffett geantwortet haben: „Nichts von dem, was ihr Leute im dritten Stock (dem

Redaktionsraum) macht, hat irgendwelche Auswirkungen auf meine Gewinne, also verspüre ich auch keinerlei Verlangen, sie mit euch zu teilen."

Greene sagt vom Personal der *Buffalo News*: „Wir waren völlig vor den Kopf gestoßen. Wir hatten ihn immer für einen netten Kerl gehalten."[170]

ANMERKUNG: Stan Lipsey, der Verleger der *Buffalo News*, gibt an, daß er bei allen Treffen Buffetts mit Gewerkschaftsmitgliedern anwesend war und er sich nicht daran erinnern kann, daß Buffett diese Bemerkung gemacht hätte. Buffett könne aber eine allgemeine Aussage über die wirtschaftlichen Verhältnisse von Zeitungen, die einen Markt beherrschen, gemacht haben, was möglicherweise von Greene entsprechend interpretiert worden sei. Greene steht zu seiner Aussage.

MICHAEL LEWIS, SCHRIFTSTELLER

Nicht jeder hält Buffett für ein Genie, und Michael Lewis, der früher als Wertpapierhändler für Salomon tätig war und Autor des Buches *Liar's Poker* ist, scheint einer dieser Menschen zu sein: „Er macht regelmäßig skeptische Professoren mit der leicht unverschämten Wenn-ihr-so-schlau-seid-warum-bin-ich-dann-so-reich-Standardfrage lächerlich. Der Grund dafür, daß er so reich ist, ist einfach, daß auf Zufall basierende Spiele große Gewinne hervorbringen, aber ein Professor der Wirtschaftsakademie mit einem Jahreseinkommen von 50 000 Dollar, der versucht, sich mit einem Milliardär anzulegen, hat einen bemitleidenswert schlechten Stand."[171]

ÜBER DIE ARBEIT

Die Philosophen lehren uns, daß sich der Erfolg von alleine einstellt, wenn wir das tun, was wir lieben. Buffett ist der lebende Beweis dafür, daß es funktioniert.

ARBEITE AUS SPASS AN DER SACHE

Als er seinen Abschluß an der Columbia University machte, schrieb Warren Buffett folgendes nieder:

> *„Die Wall Street war (1951) wirklich kein attraktiver Arbeitsplatz. Der Dow stand bei 200 und der Markt der Jahre 1945 bis 1949 hatte irgendwie stagniert. Das Hoch lag bei ungefähr 190, das Tief bei etwa 160. Dann begann der Dow nach oben zu klettern; 1950 war das erste Jahr, in dem der Dow nie unter 200 notierte. 1929 notierte er zwar bei 381, fiel dann aber während des Jahres unter 200. Die Leute waren in der Nachkriegszeit sehr mißtrauisch eingestellt und glaubten, daß wir auf eine Wirtschaftskrise zusteuerten. (Die Wall Street) war kein Ort, an dem sich viel Geld verdienen ließ ... es war eine ganz andere Welt."*[172]

* * *

Buffett ist der Auffassung, mit Leuten zu arbeiten, die man nicht leiden kann, sei wie „um des Geldes willen zu heiraten":

> *„Ich glaube, das ist keine vernünftige Art zu leben. Vermutlich ist es unabhängig von den Umständen keine gute Idee; absolut blödsinnig ist es jedenfalls dann, wenn man schon reich ist."*[173]

* * *

„Ich bin Realist. Ich wußte immer, daß mir mein Beruf Spaß machen würde. Na ja, vielleicht wäre es auch schön gewesen, in der Major League Baseball zu spielen, aber das ist wieder der Punkt, an dem der Realismus zum Tragen kommt.“[174]

* * *

„Es ist nicht so, daß ich Geld haben *will. Es ist der Spaß daran, Geld zu verdienen und zuzusehen, wie es sich vermehrt.“*[175]

* * *

„Wenn man danach geht, wie ich meinen Lebensunterhalt verdiene, bin ich der glücklichste Mensch auf Erden. Niemand kann mir vorschreiben, etwas zu tun, was ich nicht vertreten kann oder für unsinnig halte.“[176]

* * *

Buffett wird oft nahegelegt, für ein politisches Amt zu kandidieren:

„Ich würde meine Arbeit gegen keine andere eintauschen, und das schließt die politische Laufbahn ein.“[177]

* * *

Buffett bezeichnet Berkshire Hathaway als seine „Leinwand“:[178]

„Ich habe eine leere Leinwand vor mir und jede Menge Farbe, und ich kann machen, was ich will. Jetzt ist mehr Geld da und alles geschieht in einem

größeren Maßstab, aber es hat mir vor 10 oder 20 Jahren genauso viel Spaß gemacht, als sich alles in einem kleineren Rahmen abspielte.“[179]

* * *

„Wenn ich morgens in mein Büro gehe, fühle ich mich, als ginge ich in die Sixtinische Kapelle, um zu malen.“[180]

* * *

„Ich genieße meine Tätigkeit weitaus mehr als meine Einkünfte, obwohl ich gelernt habe, auch mit diesen zu leben.“[181]

* * *

Buffetts Großvater mütterlicherseits war Besitzer einer Zeitung und Warren verdiente einen Großteil seines früheren Einkommens als Austräger für die *Washington Post* und als Vertriebsmanager des *Lincoln Journals*. Zeitungen liegen ihm im Blut:

„Seien wir ehrlich, Zeitungen sind ein zehnmal interessanteres Geschäft als, sagen wir, die Herstellung von Kupplungen für Eisenbahnwaggons. Zwar habe ich nichts mit den redaktionellen Arbeiten der Zeitungen zu tun, die mir gehören, aber ich genieße es doch sehr, ein Teil der Institutionen zu sein, die unsere Gesellschaft formen.“[182]

* * *

„Ich nehme an, daß Ted Williams nicht glücklich wäre, wenn er das höchste Gehalt im Baseball überhaupt bekäme und als Schläger eine Trefferquote

von 22 Prozent hätte. Aber wenn er das niedrigste Gehalt im Baseball und eine Quote von 40 Prozent hätte, wäre er sicherlich absolut zufrieden. So sehe ich diesen Job. Geld ist das Nebenprodukt einer Sache, die mir extrem viel Spaß macht.“[183]

* * *

„Ich könnte die ganze Zeit tanzen.“[184]

FANGE FRÜH AN

Buffett erwarb seine ersten Aktien im Alter von elf Jahren, als er und seine Schwester Doris drei Cities Service-Vorzugsaktien zum Stückpreis von 38 Dollar kauften. Buffett lernte dabei auch eine Lektion in Sachen Geduld. Als die Aktie auf 27 Dollar fiel, machten er und seine Schwester sich ein wenig Sorgen. Nachdem sich Cities Service erholt hatte und auf 40 Dollar gestiegen war, verkauften sie ihre Anteile, aber die Aktie stieg weiter – bis sie schließlich auf 200 Dollar pro Anteil geklettert war.

* * *

„Ich interessierte mich für den Aktienmarkt, seitdem ich mit elf Jahren einige Zeit damit verbracht hatte, den Markt zu beobachten und mich um die Anzeigetafel von Harris Upham zu kümmern, einem Unternehmen der New Yorker Börse, das sich im selben Gebäude befand wie Buffett-Falk & Co., die Firma meines Vaters.“[185]

* * *

Im Laufe seiner gesamten Kindheit übte Buffett viele verschiedene Geschäftstätigkeiten aus. Er verkaufte seinen Freunden Coca-Cola mit einem Preisaufschlag, gab einen Tipzettel für

Pferderennen heraus, trug Zeitungen aus und verwertete gebrauchte Golfbälle. In seinen Tagen an der Woodrow Wilson High School in Washington kauften er und sein Freund einen generalüberholten Flipperautomaten für 25 Dollar. Unter dem Namen Wilson Coin Operated Machine Company stellten die beiden den Spielautomaten in einem Friseurgeschäft auf. Am Ende des ersten Tages leerten sie den Münzbehälter und fanden vier Dollar vor. Buffett dazu: „Ich kam mir vor, als hätte ich das Rad erfunden."[186]

Schließlich warf das Flippergeschäft 50 Dollar in der Woche ab. Später kaufte sich Buffett ein Stück unbebautes Ackerland im nordöstlichen Teil Nebraskas und hatte 9 000 Dollar auf der Bank, als er seinen Schulabschluß machte.[187]

* * *

Buffett machte sich schon früh einen Ruf als Investor:

> *„Ich verkaufte ein paar American Telephone-Aktien leer, weil ich wußte, daß alle meine Lehrer (an der High School) Anteile besaßen. Sie glaubten, ich verstünde etwas von Aktien, und ich war der Meinung, wenn ich AT&T nun leerverkaufte, würde ich ihnen Angst einjagen, was ihren Ruhestand anging."*[188]

ARBEITE, WO ES DIR GEFÄLLT

Als man ihn fragte, warum er es ablehne, in New York zu arbeiten, wo er näher an den Finanzmärkten und an der Gerüchteküche sein könne, antwortete Buffett:

> *„Mit genug Insiderinformationen und einer Million Dollar kann man in einem Jahr bankrott gehen."*[189]

* * *

„Ich habe wahrscheinlich mehr Freunde in New York und Kalifornien als hier, aber hier ist ein guter Ort, um Kinder aufzuziehen und zu wohnen. Hier kann man nachdenken. Man kann sich besser Gedanken über den Markt machen; man hört nicht so viele Geschichten und kann einfach dasitzen und die Aktie von seinem Schreibtisch aus betrachten. Man kann über etliches nachdenken."[190]

* * *

Er sagt aber auch:

„Wenn mich ein Betriebswissenschaftler, der gerade im Begriff ist, sein Studium abzuschließen, fragen würde: ‚Wie kann ich möglichst schnell reich werden?', würde ich ihm nicht mit einem Zitat von Ben Franklin oder Horatio Alger antworten, sondern würde mir statt dessen mit einer Hand die Nase zuhalten und mit der anderen in Richtung Wall Street deuten."[191]

ARBEITE MIT DEN RICHTIGEN LEUTEN ZUSAMMEN

„Ich suche mir jeden einzelnen Menschen aus, mit dem ich zusammenarbeite. Das ist letztlich der ausschlaggebende Faktor. Ich kann nicht mit Leuten zusammenarbeiten, die ich nicht mag oder bewundere. Das ist das Entscheidende. Es ist wie beim Heiraten."[192]

* * *

„Ich arbeite mit außergewöhnlichen Leuten zusammen, und ich mache in meinem Leben, was ich

will. Warum auch nicht? Wenn ich nicht in der Lage bin, zu tun, was ich will, wer bittesehr dann?"[193]

* * *

„Jemand hat einmal gesagt, daß man bei der Auswahl von Leuten, die man einstellen will, nach drei Eigenschaften sucht: Integrität, Intelligenz und Energie. Und wenn die Leute die erste nicht haben, werden einem die anderen beiden zum Verhängnis. Wenn man einmal darüber nachdenkt, stellt man fest, daß es wirklich so ist. Wenn man Leute einstellt, die die erste Eigenschaft nicht besitzen, wünscht man sich insgeheim, daß sie dumm und faul sind."[194]

* * *

Als ihn ein Hochschulabsolvent einmal um einen Rat für die Stellensuche bat, antwortete Buffett:

„Ich glaube, daß man für Unternehmen und Leute arbeiten sollte, die man bewundert. Wenn man mit jemandem zu tun hat, von dem man etwas lernen kann, und sich in dem Unternehmen wohlfühlt, muß man einfach gute Ergebnisse erzielen. Ich rate Ihnen, niemals etwas zu tun, von dem Sie glauben, daß es jetzt zwar das Allerletzte sei, sich in zehn Jahren aber mehr als auszahlen würde, oder weil Sie denken: ‚Ich habe jetzt soundsoviel Dollar, aber später dann zehnmal soviel.' Wenn es Ihnen heute keinen Spaß macht, werden Sie wahrscheinlich auch in zehn Jahren keine Freude daran haben."[195]

* * *

Es macht viel aus, für wen man arbeitet. Buffett erinnert sich daran, daß Baseballspieler wie Babe Ruth und Lou Gehrig einmal einen vollen Anteil ihrer Einkünfte aus der World Series ihrem persönlichen Zeugwart zusprachen:

> *„Das Wichtigste im Leben ist, herauszufinden, wessen Zeugwart man sein will.“*[196]

* * *

Buffett gibt zu, daß seine Ratschläge für Studenten mitunter zu unerwarteten Ergebnissen führten:

> *„Letztes Jahr hielt ich einen Vortrag und ein Harvard-Student fragte mich: ‚Für welchen Arbeitgeber soll ich mich entscheiden?‘ Ich sagte ihm, er solle auf jeden Fall zu demjenigen gehen, den er am meisten bewunderte. Etwa zwei Wochen später erhielt ich einen Anruf vom Vorsteher der Universität. Er fragte: ‚Was erzählen sie diesen jungen Leuten eigentlich? Sie machen sich alle selbständig.‘“*[197]

ANMERKUNG: Ob sich Buffett hier auf subtile Weise revanchieren will? Buffett hatte sich in Harvard beworben, bevor er an der Columbia University aufgenommen wurde, war aber abgewiesen worden. Er scheint jedoch keinen Groll zu hegen. Die einzige frischgebackene Betriebswirtschaftlerin, die er jemals eingestellt hat, war eine junge Harvard-Absolventin.

GEIZE NICHT MIT LOB

Aus einem Brief, den Buffett 1984 an Katharine Graham von der *Washington Post* schrieb:

> *„Berkshire Hathaway erwarb seine Anteile an der Washington Post im Frühjahr und Sommer 1973. Der*

Preis für diese Anteile betrug 10,6 Millionen Dollar, der augenblickliche Marktwert beläuft sich auf etwa 140 Millionen Dollar ... Wenn wir die 10,6 Millionen Dollar zum selben Zeitpunkt in die Anteile anderer ... (Medienunternehmen) ... investiert hätten, besäßen wir jetzt entweder Anteile an Dow Jones im Wert von 50 Millionen Dollar, an Gannett im Wert von 30 Millionen, an Knight-Ridder im Wert von 75, an der New York Times im Wert von 60 oder dem Times Mirror im Wert von 40 Millionen Dollar. Anstatt Ihnen also eine Million mal zu danken, danke ich Ihnen wahlweise zwischen 65 und 110 Millionen mal.“[198]

STEHE ZU DEINEN PARTNERN

Buffett gibt zu, daß Geld und Einfluß ihm einen unfairen Vorteil gegenüber Partnern, Angestellten und anderen verleihen könnten:

„Einmal hatten wir einen Hund auf dem Dach. Mein Sohn rief ihn und der Hund sprang herunter. Er überlebte, brach sich aber dabei ein Bein. Es war schrecklich. Ein Hund, dessen Zuneigung so groß ist, daß er vom Dach springt ... man kann auch Menschen in solche Situationen bringen. Ich will das nicht.“[199]

* * *

Als Berkshire Hathaway in Cap Cities/ABC investierte, versprach Buffett dem Vorstandsvorsitzenden Tom Murphy, daß die Investition langfristig Bestand haben würde, selbst wenn die Probleme, die das Unternehmen mit den Fernsehsendern hatte, nicht auf die Schnelle gelöst würden:

„Das ist, als ob das eigene Kind Probleme hat – nichts, das wir in fünf Jahren verkaufen werden. Wir sind Partner in allem.“[200]

* * *

„Wir sind keine rein wirtschaftlich orientierten Wesen, und obwohl diese Einstellung in gewisser Hinsicht unsere Ergebnisse verschlechtert, gehen wir im Leben lieber so vor. Welchen Sinn hätte es, reich zu werden, wenn man ein Verhaltensmuster an den Tag legt, bei dem man ständig Beziehungen zu Leuten über Bord wirft, die man mag, bewundert oder interessant findet, nur um geringfügig mehr zu verdienen? Wir verdienen gern viel, aber nicht auf Kosten von allem anderen.“[201]

* * *

„Ich glaube, ich würde mich nicht gut dabei fühlen, wenn ich ständig Leute fallen lassen würde, nachdem sie mir vertraut haben.“[202]

TEILE DIR DEINE ZEIT GUT EIN

Warrens ältester Sohn Howard versteht jetzt, wie sich sein Vater seine Zeit einteilt: „Mein Vater kann nicht mit einem Rasenmäher umgehen ... Ich habe ihn nie beim Rasenmähen, Heckenschneiden oder Autowaschen gesehen. Ich erinnere mich, daß mich das immer ärgerte. Erst als ich älter wurde und lernte, wieviel Zeit wert ist, begriff ich, warum er es so und nicht anders machte. Seine Zeit ist so kostbar.“[203]

* * *

„Es ist kein Vorteil, wenn man wahnsinnig berühmt ist“, sagt Warren Buffett. „Wie Sie sehen können [er zeigt auf die kleine Suite, die Berkshire Hathaways Hauptquartier beherbergt], sind wir nicht darauf eingerichtet, Unmengen von Anfragen zu bearbeiten. Wir bekommen Briefe von Leuten von überall her, die Rat in Anlagefragen suchen. Es widerstrebt mir eigentlich, so kaltschnäuzig zu sein, aber es ist mir einfach nicht möglich, Ratschläge zu geben und gleichzeitig meine Arbeit zu erledigen.“[204]

* * *

Buffett hält selten Vorträge und tritt auch für gemeinnützige oder geschäftliche Organisationen selten öffentlich auf. Er hält im Jahr ungefähr ein Dutzend Vorträge an Universitäten, zumeist in der Form von Diskussionsforen.

„Wenn man vor 100 Studenten spricht und etwas Sinnvolles sagt, hören vielleicht ein paar von ihnen aufmerksam zu, und es könnte tatsächlich ihr Leben verändern – anders, als wenn man zu einer Gruppe von 60jährigen spricht.“ Buffett, der damals 63 Jahre alt war, spricht hier offenbar aus Erfahrung. „Ich meine, ich kann mir einen Vortrag anhören und weiß, ob ich ihn unterhaltsam finde oder nicht, aber ich ändere vermutlich nichts von dem, was ich mache.“[205]

* * *

Buffett schaute sich seine Zeiteinteilungsmethode von einem Profi ab:

> *„Nun, ich habe das gleiche Prinzip wie Nancy Reagan. Ich sage einfach nein.“*[206]

HÖRE IM RICHTIGEN MOMENT AUF

> *„Bei Dingen, die der Mühe nicht wert sind, braucht man sich auch keine Mühe zu geben.“*[207]

* * *

> *„Wenn man gleich beim ersten Mal Erfolg hat, soll man es nicht weiter versuchen.“*[208]

* * *

Als sich der Aktienmarkt 1969 auf einem Höchststand befand, ging Buffett in den Vorruhestand. Er löste die Buffett Partnership, die einen 30fachen Wertzuwachs erfahren hatte, auf und gab den Anlegern ihr Geld zurück. Buffett war damals 38 Jahre alt:

> *„Ich will nicht mein ganzes Leben lang ausschließlich damit beschäftigt sein, guten Anlagemöglichkeiten hinterherzuhetzen."*

Er fügte hinzu:

> *„Ich habe kein Verlangen, weiterhin Geld anzuhäufen."*

Und schließlich:

> *„Die einzige Möglichkeit, es ruhiger angehen zu lassen, ist, aufzuhören."*[209]

ANMERKUNG: Er blieb der Arbeit nicht lange fern. Schon bald machte er einen Textilindustriekonzern zu seinem neuen, maßgeschneiderten Anlageinstrument – Berkshire Hathaway.

MACHE DICH VERSTÄNDLICH

Wie schafft es Buffett, so klare Jahresberichte zu schreiben, die nichts verschweigen – und das, obwohl sich darin weder Diagramme noch Fotos finden? Man muß die Berichte nur für jemanden schreiben, den man kennt.

> *„Ich stelle mir einfach vor, daß meiner Schwester die andere Hälfte des Unternehmens gehört und sie ein Jahr auf Reisen war. Sie ist in geschäftlichen Angelegenheiten zwar nicht völlig unbeleckt, aber auch keine Expertin. Ich habe nichts gegen Grafiken. Ich glaube nur, daß, wenn Anschauungsmittel verwendet werden, die tatsächliche Information oft in den Hintergrund tritt."*[210]

* * *

> *„Wenn man eine Sache verstanden hat, kann man sie so erklären, daß es auch andere verstehen. Ich stelle das jedes Jahr wieder fest, wenn ich den Bericht schreibe. Ich habe manchmal eine Art Schreibhemmung. Die Hemmung entsteht nicht dadurch, daß ich alle Begriffe aus dem Wörterbuch aufgebraucht habe, sondern, weil ich meine eigenen Gedanken noch nicht geordnet habe. Beim Schreiben ist man am ehesten gezwungen, nachzudenken und seine Gedanken zu ordnen."*[211]

* * *

Berkshires hoher Aktienkurs ist eine Art, den Leuten zu vermitteln, daß Buffett auf seriöse Anleger Wert legt, die Anteile langfristig erwerben. Buffett möchte, daß die Leute wissen, auf was sie sich einlassen:

„Wir könnten heute abend ein Schild vor diesem Saal aufstellen und „Rockkonzert“ daraufschreiben, und wir bekämen ein ganz bestimmtes Publikum. Oder wir könnten „Ballett“ daraufschreiben und bekämen eine andere Art von Publikum. Beide Arten von Publikum sind in Ordnung. Aber es ist ein schlimmer Fehler, ein Rockkonzert anzukündigen, wenn ein Ballett aufgeführt wird, und umgekehrt. Und meine einzigen Möglichkeiten, Berkshire ein Etikett zu verpassen, das die Art von Veranstaltung bezeichnet, zu der ich die Leute einlade, sind die Kommunikation und die Unternehmenspolitik.“[212]

LERNE, NEIN ZU SAGEN

Als sie gebeten wurde, den Erwerb von Anteilen an Wells Fargo & Co. im Jahr 1992 zu kommentieren, gab eine Frau, die bei Berkshire im Telefondienst arbeitete, die Standardantwort des Unternehmens: „Bei Berkshire Hathaway geben wir schon lange grundsätzlich keinen Kommentar zu unserem Portfeuille oder Gerüchten über unser Portfeuille ab.“[213]

* * *

Buffetts Schweigen zu Investmentaktivitäten hat einen Grund:

„Wenn ich etwas sage, weiß ich, daß er [der niedrige Aktienkurs, der ihn interessiert] sofort weg ist. In der Finanzwelt posaunt man seine Strategie nicht heraus.“[214]

* * *

Wenn Buffett einen Warnschuß abgeben will, kann er sich kurz und bündig ausdrücken. Dies war der Fall, als er für Salomon arbeitete, um die dort aufgetretenen Unregelmäßigkeiten beim Handel mit Staatsanleihen aufzuklären:

„Wir (Salomon) werden alle Gebühren und Geldstrafen unverzüglich begleichen, und wir werden uns zudem bemühen, berechtigte Ansprüche umgehend zu befriedigen. Wir werden jedoch unberechtigte oder überzogene Ansprüche, von denen es viele geben wird, gerichtlich anfechten, und zwar solange wie nötig. Das heißt, daß wir angemessene Wiedergutmachung für vergangenes Fehlverhalten vornehmen, aber für niemanden als Prügelknaben herhalten werden."[215]

SEI ANDEREN EIN VORBILD

Während seiner Amtszeit als Interimsvorsitzender von Salomon Inc. erzählte Buffett den Anteilseignern:

„Eine Atmosphäre, die vorbildliches Verhalten fördert, ist vermutlich noch wichtiger als Vorschriften, obwohl diese auch notwendig sind. Während meiner Amtszeit als Vorsitzender werde ich mich als Leiter der unternehmenseigenen Revisionsabteilung betrachten, und ich habe alle 9 000 Mitarbeiter von Salomon gebeten, mich in diesem Bemühen zu unterstützen. Ich habe sie zudem aufgefordert, sich nach einem Maßstab richten, der über die Vorschriften noch hinausgeht. Wenn er eine geschäftliche Aktion erwägt, sollte sich ein Angestellter fragen, ober er bereit wäre, diese unmittelbar darauf von einem gut informierten und kritischen Reporter auf der Titelseite seiner Lokalzeitung beschrieben zu sehen, die von seinem Ehepartner, seinen Kindern und Freunden gelesen würde. Bei Salomon wollen wir schlichtweg nichts mit Aktivitäten zu tun haben, die einer

rechtlichen Prüfung zwar standhalten, an denen wir als Bürger jedoch Anstoß nehmen würden."[216]

KÜMMERE DICH UM DEINE AKTIONÄRE

Der Berkshire Hathaway-Investor Gerald L. „Bud" Pearson sagt, ein Freund habe ihm 1965 von Buffett erzählt. Pearson stellte sich Buffett vor und dieser teilte ihm mit, daß er keine neuen Investoren mehr in seine Gesellschaft aufnehmen würde. Nachdem er sich eine Stunde lang mit Pearson unterhalten hatte, änderte Buffett seine Einstellung. „Ach, was soll's, Sie scheinen ein ganz netter Kerl zu sein", sagte Buffett. In der Folgezeit wurde aus Pearson ein „Buffett-Millionär".[217]

* * *

Als man ihn fragte, warum Tausende von Anteilseignern jedes Jahr von weither anreisten, um Berkshire Hathaways Jahreshauptversammlung zu besuchen, vermutete Buffett:

„Sie kommen zu uns, weil wir ihnen das Gefühl geben, Eigentümer zu sein."[218]

* * *

Buffett investiert gerne in Unternehmen, in denen Manager wie Eigner denken. Er versuchte, die Firmenkultur bei Salomon zu ändern:

„Wir möchten, daß die Abteilungsleiter in ihrer Eigenschaft als Eigentümer reich werden, und nicht, indem sie einfach als Trittbrettfahrer vom Eigentum anderer profitieren. Ich glaube tatsächlich, daß es unsere besten Manager als Miteigentümer beizeiten zu beträchtlichem Wohlstand bringen können – Wohlstand, der vielleicht sogar weit über das hinausgeht, was sie sich derzeit vorstellen können."[219]

Bis zum gegenwärtigen Zeitpunkt hatte Buffetts Plan bei Salomon nur begrenzten Erfolg. Als Berkshires Vorzugsaktien in Salomon-Stammaktien umgewandelt hätten werden können, sah Buffett von dieser Möglichkeit ab. Es ist denkbar, daß seine Entscheidung in einem gewissen Zusammenhang mit der Haltung der Angestellten bezüglich ihrer Entlohnung stand.

* * *

Salomons Anleihehändler Paul Mozer wurde des illegalen Handels mit Schatzpapieren angeklagt. Angeblich hatte er versucht, alles aufzukaufen und so den Markt zu beherrschen. Der Vorfall stellte eine ernsthafte Bedrohung für das Überleben des gesamten Unternehmens dar. Buffett stellte fest: „Mozer bezahlt 30 000 Dollar und ist zu einer viermonatigen Gefängnisstrafe verurteilt worden. Salomons Anteilseigner – und das schließt mich ein – haben 290 Millionen Dollar bezahlt, und mich hat man zu zehn Monaten Zwangsarbeit als Vorstandsvorsitzender verurteilt."[220]

STELLE GUTE LEUTE EIN UND LASSE SIE IN RUHE ARBEITEN

Buffett behauptet, auf seinem Einstellungsformular stehe nur eine Frage:

„Sind Sie ein Fanatiker?"

Auf die besten Anleger trifft dies zu.[221]

* * *

„Ich mag Leute, die vergessen, daß sie die Firma an mich verkauft haben und ihren Laden so in Ordnung halten, als ob sie weiter Eigentümer wären. Auch wenn ich die Tochter heirate, wohnt sie weiterhin bei ihren Eltern."

Eben dieses erwartet Buffett von seinen Managern:

> *„Wenn sie meine Hilfe brauchen, um das Unternehmen zu leiten, stecken wir wahrscheinlich alle in Schwierigkeiten.“*[222]

Ausnahmen: Jedes Jahr legt Buffett die Preise für See's Candy und die Höhe der Auflage der *Buffalo News* fest. Die jeweilige Unternehmensleitung und Buffett sind sich darin einig, daß er objektiver ist, weil er einen gewissen Abstand zum Geschäftsbetrieb hat.

LEGE WERT AUF EIGENE ERFAHRUNG

> *„Kann man einem Fisch wirklich erklären, wie es ist, sich auf dem Land fortzubewegen? Ein Tag auf festem Boden ist so viel wert, wie man in tausend Jahren beschreiben kann, und ein Tag in der Unternehmensleitung ist genauso wertvoll.“*[223]

VERTEILE DEIN KAPITAL INTELLIGENT

Wer ein Unternehmen zur Gänze besitzt, statt nur Anteilseigner zu sein, hat die vorteilhafte Möglichkeit, Gewinne effizient zu reinvestieren, selbst wenn das heißt, Kapital auf einen anderen Industriezweig zu übertragen:

> *„Wir sind nicht in der Stahlindustrie an sich tätig. Und eigentlich auch nicht in der Schuhindustrie. Wir sind in überhaupt keiner Branche an sich tätig. Wir haben viel mit Versicherungen zu tun, aber wir widmen uns ihnen nicht ausschließlich. Wir haben keine Grundeinstellung, die uns einen bestimmten Kurs vorschreibt. Also können wir Kapital nehmen und es in Unternehmungen stecken, von denen wir uns etwas versprechen.“*[224]

ÜBERWINDE DICH SELBST

Nach seinem Studium investierte Buffett 100 Dollar in einen Dale-Carnegie-Kurs:

> *„... nicht um zu verhindern, daß meine Knie schlottern, wenn ich vor Publikum spreche, sondern damit ich vor Publikum sprechen kann, obwohl mir die Knie schlottern."*[225]

SETZE ALLE FÄHIGKEITEN EIN, DIE DU HAST

> *„Ich bin ein besserer Investor, weil ich Geschäftsmann bin, und ein besserer Geschäftsmann, weil ich Investor bin."*[226]

* * *

> *„Was Unternehmensleitung angeht, habe ich dieselbe Einstellung wie als Anleger: Man braucht einfach keine außergewöhnlichen Dinge zu tun, um außergewöhnliche Ergebnisse zu erzielen."*[227]

* * *

JAHRESHAUPTVERSAMMLUNG BEI BERKSHIRE HATHAWAY

Tausende von Investoren und Bewunderern fallen jedes Frühjahr in Omaha ein, um stundenlang in einem überfüllten Kongreßsaal zu sitzen und zu hören, was Warren Buffett zu sagen hat. Er bleibt solange, bis alle Fragen beantwortet sind, und wenn die Fragen zur Mittagszeit noch immer niederprasseln, können die Aktionäre in die Lobby gehen und belegte

Brote und Cola kaufen. Jedes Jahr legt Buffett die Regeln fest, nach denen die Jahreshauptversammlung durchgeführt wird. Die folgenden Beispiele stammen aus verschiedenen Jahren:

„Die Tagesordnung wird in unserer üblichen stalinistischen Art und Weise abgehandelt, um der Beantwortung der Fragen der Aktionäre genug Zeit einzuräumen.“[228]

* * *

„Wenn Sie die Versammlung zwischendurch verlassen müssen, wäre es besser, wenn Sie es tun, während Charlie spricht – was allerdings selten der Fall ist.“[229]

* * *

„Ich möchte Ihnen alle unsere Manager vorstellen – außer Mrs. B, die sich für so einen Unsinn wie eine Aktionärsversammlung nicht freinehmen mochte.“[230]

* * *

„Wir werden bis etwa 12 Uhr hier sein, um Fragen zu beantworten, oder bis Charlie irgend etwas Optimistisches sagt – je nachdem, was zuerst der Fall ist.“[231]

* * *

„Nach der Versammlung stehen Busse zur Verfügung, die Gäste von außerhalb zum Nebraska Furniture Mart, zum Juweliergeschäft Borsheim

oder an irgendeinen anderen Ort bringen, an dem Berkshire wirtschaftliches Interesse hat.“[232]

Das Letztgenannte ist kein Witz. In der Lobby des Kongreßzentrums gibt es mobile Stände, die See's Candy, Ginzu-Messer, World Book-Enzyklopädien und andere Berkshire Hathaway-Produkte verkaufen. Buffett betont, daß die Ausflüge zu den Geschäften von Berkshire Hathaway nicht nur dazu dienen, den Leuten eine Einkaufsmöglichkeit zu geben, sondern auch einen erzieherischen Zweck haben. Man dürfe es nicht versäumen, „zum Nebraska Furniture Mart zu gehen und Mrs. B in ihrer natürlichen Umgebung zu erleben.“[233]

* * *

Gelegentlich betreibt Charlie Munger Verkaufsförderung auf eigene Faust. Er hat eine besondere Vorliebe für die World Book-Enzyklopädien: „Ich verschenke mehr Exemplare von diesem Produkt als von irgendeinem anderen, das Berkshire Hathaway herstellt ... es ist eine wirklich großartige menschliche Leistung – etwas derart Benutzerfreundliches zu veröffentlichen, in dem so viel Wissen steckt, ist eine fabelhafte Sache.“[234]

* * *

Während er als Interimsvorsitzender fungierte, saß Buffett 1992 der Hauptversammlung von Salomon Brothers vor. Sie dauerte drei Stunden, da sich Buffett zahlreichen kritischen Fragen von Aktionären gegenübersah, die Aufklärung über Salomons Vergehen beim Handel mit Staatsanleihen verlangten. Berkshire Hathaway hielt bedeutende Anteile an Salomon, und Buffett arbeitete ohne Bezahlung, um die Glaubwürdigkeit des Unternehmens auf dem Markt wiederherzustellen, nachdem ein Wertpapierhändler angeblich versucht hatte, den Markt für US-amerikanische Staatsanleihen illegalerweise zu beeinflussen. Die für ihre Nörgeleien berühmte Aktionärin Evelyn Y. Davis fragte Buffett, wie er es rechtfertigen könnte, 158 000 Dollar an Kosten für seinen Firmenjet zu veranschlagen, der ihn zwischen Omaha und New York City hin und her flog. Buffett antwortete:

„Ich arbeite billig, aber ich reise teuer."

Davis beschwerte sich auch über die 25 Millionen Dollar für Anwaltshonorare, die in Verbindung mit der Lösung von Salomons Problemen angefallen waren. Buffett darauf:

> *„Ich würde mich außerordentlich freuen, wenn Sie mit ihnen verhandeln würden, Evelyn. Und ich glaube, die bloße Erwähnung dessen würde ausreichen, um eine gewisse Mäßigung herbeizuführen."*[235]

* * *

Da immer mehr Leute Anteile an Berkshire erwerben, wirft die jährliche Hauptversammlung immer größere logistische Probleme auf:

> *„Die meisten von Ihnen wissen, daß wir die Hauptversammlung in den letzten Jahren im Joslyn-Kunstmuseum abhielten, bis wir zu viele Teilnehmer wurden. Da das Orpheum Theater, in dem wir uns heute versammeln, ein ehemaliges Varietétheater ist, kann man wohl sagen, daß wir auf der kulturellen Leiter ein Stück weit abgestiegen sind. Fragen Sie mich nicht, wo wir das nächste Mal hingehen."*

1995 wurde die Versammlung in das Holiday Inn-Kongreß-zentrum verlegt und der Saal war wiederum zum Bersten voll. Die Zahl der Berkshire-Aktionäre verdoppelte sich 1996 mit der Ausgabe der Berkshire B-Aktien, doch das Holiday Inn ist bereits Omahas größter überdachter Veranstaltungort. Wird man sich 1997 auf der Rennbahn treffen?

Linda O'Bryon erkundigte sich im Nightly Business Report nach dem Treffen.

„Wir müssen eine Lösung finden, und ich bin in dieser Hinsicht ein bißchen wie Scarlet O'Hara. Ich werde mir Gedanken machen, aber ich würde sagen: Verschieben wir es auf morgen", sagte Buffett.[236]

ÜBER DAS INVESTIEREN

Warren Buffett verwendet nach eigenen Angaben „einfache, alte und vor allem wenige“ Investmentprinzipien. Viele von Buffetts Methoden ergeben sich aus seiner Persönlichkeit und seinem Charakter. Andere hat er von seinen Lehrern und aus eigener Erfahrung gelernt. Wie alle guten Schüler benutzt er sein -erlerntes Wissen als Grundlage. Schon bald überflügelte er seine größten Lehrmeister.

LEGE DIR EINE PHILOSOPHIE ZU

„Regel Nr. 1: Verliere niemals Geld. Regel Nr. 2: Vergiß niemals Regel Nr. 1.“[238]

* * *

Buffett kommt immer wieder auf Ben Graham zurück:

> *„Wenn man die drei Grundgedanken, die es meiner Meinung nach gibt, einmal richtig geistig verinnerlicht hat, kann ich mir nicht vorstellen, wie man mit Aktien nicht zumindest passablen Erfolg haben könnte. Keiner dieser Gedanken ist kompliziert. Keiner erfordert Mathematiktalent oder dergleichen. (Graham) hat immer gesagt, man sollte Aktien als kleine Bestandteile des Marktes ansehen. Und außerdem: ‚Betrachte (Markt-)Schwankungen nicht als deinen Feind, sondern als deinen Freund – profitiere von dem ganzen Irrsinn, statt dich an ihm zu beteiligen.‘ Und (Graham) verwendet (im letzten Kapitel von ‚The Intelligent Investor‘) das Wort, das im Investmentgeschäft am allerwichtigsten ist: ‚Sicherheitsspielraum.‘ Ich glaube, diese Gedanken gelten auch in 100 Jahren noch als die drei tragenden Säulen vernünftigen Investments.“*[239]

Buffett faßt Graham so zusammen:

„Wenn sich das richtige Temperament mit der richtigen geistigen Grundeinstellung verbindet, dann entsteht rationales Verhalten.“[240]

* * *

Buffett hat keine Angst, daß seine Prinzipien ihre Kraft einbüßen könnten:

„Wenn Prinzipien irgendwann überholt sein können, sind es keine Prinzipien.“[241]

ERKENNE DEN FEIND: DIE INFLATION

„Wenn man einmal nachrechnet, wird es offensichtlich, daß die Inflation eine weit verheerendere Steuer ist als alles, was unsere Gesetzgebung je zustande gebracht hat. Die ‚Inflationssteuer' besitzt die erstaunliche Fähigkeit, Kapital einfach aufzufressen. Für eine Witwe, die ihr Erspartes auf einem Sparkonto mit 5 Prozent Zinsen liegen hat, ist es unerheblich, ob sie in einer Phase mit 0 Prozent Inflation 100 Prozent Einkommensteuer auf ihre Zinseinkünfte zahlt oder in Jahren mit einer Inflation von 5 Prozent keine Einkommensteuer zahlen muß. Sie wird so oder so auf eine Weise ‚besteuert', die ihr keinerlei reelles Einkommen übrigläßt. Wenn sie Geld ausgibt, kommt es direkt aus ihrem Kapital. Einen Einkommensteuersatz von 120 Prozent würde sie sicher skandalös finden, aber sie merkt vermutlich nicht, daß eine Inflationsrate von 5 Prozent wirtschaftlich gesehen das gleiche bedeutet.“[242]

* * *

„Wenn Sie glauben, daß Sie, wenn Sie nur unbeschwert genug mit Wertpapieren hantieren, der Inflationssteuer ein Schnippchen schlagen können, dann wäre ich gerne Ihr Broker – aber nicht Ihr Partner.“[243]

* * *

Buffett erklärt, warum er selbst in Zeiten hoher Inflation an Aktien festhält: „Zum Teil aus Gewohnheit. Zum Teil einfach deswegen, weil Aktien für Unternehmen stehen, und weil es viel interessanter ist, Unternehmen zu besitzen, als Gold oder Ackerland. Außerdem sind Aktien in einer Zeit der Inflation wahrscheinlich immer noch die beste von vielen unzulänglichen Möglichkeiten – jedenfalls, wenn man sich zu den richtigen Kursen einkauft.“[244]

* * *

Buffett hat eigene Vorstellungen davon, wie sich die Inflation kontrollieren ließe:

„Ich könnte die Inflation ausschalten oder jedenfalls ohne weiteres reduzieren, wenn ein Verfassungszusatz vorschriebe, daß kein Kongreßabgeordneter oder Senator in einem Jahr zur Wiederwahl stehen darf, in dem der Lebenshaltungskostenindex um mehr als 3 Prozent steigt.“[245]

* * *

SUCHE DIE ERLEUCHTUNG

Buffett war 19 Jahre alt und befand sich gerade im Abschlußjahr an der University of Nebraska, als er Grahams Klassiker *The Intelligent Investor* las. Er vergleicht dieses Erlebnis mit dem, das

„Paulus auf der Reise nach Damaskus" hatte – und er zog daraus die ihm nun eigene Philosopie, „wie man einen Dollar für 40 Cent kauft."[246]

Über die Zeit, bevor er das Buch las, sagt Buffett: „Ich ließ nichts aus. Ich sammelte Charts und las alles mögliche technische Zeug. Ich hörte auf Ratschläge. Und dann nahm ich Grahams *The Intelligent Investor* in die Hand. Es war, als ob ich eine Erleuchtung hätte."[247]

„Ich möchte zwar nicht wie ein religiöser Fanatiker klingen, aber das hat mich wirklich überzeugt."[248]

* * *

„Vorher hatte ich eher mit dem Klein- als mit dem Großhirn investiert."[249]

* * *

BENJAMIN GRAHAM

Warren Buffett machte erstmals Bekanntschaft mit Graham, als er dessen Buch *The Intelligent Investor* las. Als er sich 1950 für ein weiterführendes Studium an der Columbia University einschrieb, lernte Buffett sein großes Vorbild persönlich kennen. Buffett: „Außer meinem Vater hat sicher kein anderer Mensch mein Geschäftsleben derart beeinflußt wie Ben Graham."

Buffett erklärt, für Graham sei die intellektuelle Herausforderung des Investments wichtiger gewesen, als großen Reichtum anzuhäufen. Zusammen mit einem enormen Maß an Wißbegierigkeit, Großzügigkeit und einem trockenen Sinn für Humor sei es das gewesen, was Graham einzigartig machte.[250]

* * *

Graham und Buffett hatten viel gemeinsam. Redegewandt und geistreich wie er war, hatte Graham einen großen Freundeskreis. Die wichtigste Ähnlichkeit zwischen beiden ist ein (für uns andere) merkwürdiges Desinteresse an Unmengen von Geld. Kurz nachdem Buffett zu Grahams Firma stieß, sagte Graham zu ihm: „Uns beide wird das Geld nicht beeinflussen. Wir werden uns nicht verändern, nur unsere Frauen werden ein besseres Leben haben."[251]

Als Buffett 1951 an der Columbia Unversity seinen Abschluß machte, riet ihm Graham, seine Investmentkarriere noch aufzuschieben, bis sich der überhitzte Markt beruhigt. Während dieses Jahres erreichte der Dow-Jones-Industrial-Index 250 Punkte. Bis dahin hatte er seit seiner Einführung in keinem Jahr mehr als 200 Punkte betragen.

„Ich hatte ungefähr 10 000 Dollar", sagt Buffett. „Wenn ich auf den Ratschlag gehört hätte, hätte ich jetzt wahrscheinlich immer noch etwa 10 000 Dollar."[252]

Grahams Ratschlag war eigentlich für ihn untypisch, denn im Laufe seiner Karriere hatte Graham immer wieder davor gewarnt, den Markt timen zu wollen. Graham ging 1956 in den Ruhestand. Er hatte anscheinend von der Arbeit genug und war nicht mehr an Aktien interessiert.

ANMERKUNG: Buffett erzielte schließlich weit größeren Reichtum als Graham. Als Graham 1976 im Alter von 82 Jahren starb, hinterließ er ein Vermögen im Wert von 3 Millionen Dollar.

* * *

„(Graham) ging es nicht um brilliante Investitionen und auch nicht um Trends oder Modeströmungen. Ihm ging es um fundierte Investitionen, und ich glaube, mit fundierten Investitionen kann man sehr reich werden, wenn man es damit nicht allzu eilig hat. Und was noch besser ist, man kann damit nicht arm werden."[253]

* * *

„Es ist für uns schon erstaunlich, wie viele Leute von Ben Graham gehört haben, sich aber nicht nach ihm richten. Wir machen aus unseren Prinzipien kein Geheimnis und schreiben viel darüber in unseren Jahresberichten. Die Prinzipien sind leicht zu lernen. Sie müßten auch leicht zu befolgen sein. Aber das einzige, was die Leute wissen wollen, ist: ‚Was kaufen Sie heute?' Genau wie Graham sind wir allgemein anerkannt, aber die wenigsten richten sich nach uns."[254]

* * *

„Die meisten von uns behalten ihre Auffassungen vom Investment – sobald wir einmal welche haben – für sich und sprechen mit niemandem darüber, ehe wir nicht die letzte Aktie gekauft haben, die wir uns leisten können. Und dann fangen wir an, alles herauszuposaunen. Ben war da anders. Er lehrte regelmäßig an der Columbia University oder dem New Yorker Institute of Finance. Er hat nie eine Vorlesung ohne aktuelle Beispiele gehalten und war stets ohne weiteres bereit, Dinge zu teilen, die andere für sich allein behalten hätten. Es gibt wahrscheinlich nichts Großzügigeres, als jemandem etwas beizubringen, das letzten Endes den eigenen Geschäftsinteressen schadet, und ich habe erlebt, wie Ben genau das machte." Mit einem Lachen fügt Buffett hinzu: „Das ist ein Teil von Ben, den ich nicht übernommen habe."[255]

ANMERKUNG: Buffett legt seine Käufe erst dann offen, wenn er dies aufgrund der Bestimmungen der US-Wertpapier- und Börsenaufsichtsbehörde tun muß, oder sie längst getätigt sind und er Anlegern dann die Ergebnisse erklärt, die Berkshire Hathaway vorzuweisen hat. In der Regel geht Berkshire mit Investitionen von unter 600 Millionen Dollar nicht an die Öffentlichkeit.

* * *

Hier einige von Grahams typischen Kommentaren zum Investment und zu den Märkten:

> *„Pascal zufolge sind die ‚Gründe des Herzens' unergründlich. Streiche ‚Herz' und setze ‚Wall Street' ein."*[256]

* * *

Obwohl Graham genau wie Buffett eine angeborene Vorliebe für alles Mathematische hatte, warnte er jeden Anleger davor, seine Investitionen auf allzu eindrucksvolle Charts, Graphiken oder Formeln zu gründen: „Selbst wenn die grundlegende Motivation, die ein Wertpapierkäufer mitbringt, reine Spekulationsgier ist, liegt es in der Natur des Menschen, diesen unrühmlichen Antrieb hinter einem Schleier aus scheinbarer Vernunft und scheinbar gesundem Menschenverstand zu verbergen."[257]

* * *

Graham erinnerte Anleger oft daran, daß sie Eigentümer der Firmen sind, in die sie investieren, und sich als Eigentümer nichts von der Leitung des jeweiligen Unternehmens gefallen lassen sollten: „Ich habe noch etwas zu verärgerten Anteilseignern zu sagen. Meines bescheidenen Erachtens nach sind noch zu wenige von ihnen verärgert. Und eines der großen Probleme der Wall Street ist, daß nicht zwischen bloßen Unruhestiftern oder Leuten, die in Unternehmensangelegenheiten gern Streit suchen, und Aktionären mit einer begründeten Beschwerde unterschieden werden kann, die die Aufmerksamkeit der Unternehmensleitung und der anderen Anteilseigner verdient."[258]

Trotz seiner Bewunderung für Graham unterscheidet sich Buffett in mehrerer Hinsicht beträchtlich von ihm: „Ben Graham wollte immer quantitativ gute Geschäfte machen. Ich will auch quantitativ gute Geschäfte machen, aber im Hinblick auf die zukünftigen Geldströme. Ich denke, Bens Methode hätte man zum letzten Mal 1973 oder 1974 richtig einsetzen können. Damals wäre es ziemlich leicht gewesen."[259]

* * *

„Ich bin heute bereit, für ein gutes Unternehmen und eine gute Unternehmensleitung mehr zu zahlen als noch vor 20 Jahren. Ben tendierte dazu, nur die Statistik zu prüfen. Ich gehe immer mehr dazu über, ein Auge auf die immateriellen Werte zu haben."[260]

* * *

William Ruane, der Gründer des höchst erfolgreichen Sequoia Funds, lernte Warren Buffett kennen, als beide zusammen Grahams Seminar an der Columbia University besuchten. Seiner Meinung nach ergeben Graham und Buffett zusammen eine umfassende Darstellung richtigen Investments:

„Graham hat die Bibel für uns geschrieben und Warren hat sie mit seinen Ideen auf den neuesten Stand gebracht. Von Warren stammt das Neue Testament."[261]

* * *

Graham eröffnete Buffett eines Tages im vorgerückten Alter, daß er jeden Tag „etwas Unvernünftiges, etwas Kreatives und etwas Großzügiges“ zu tun versuchte. Normalerweise gelinge es ihm, ersteres noch vor dem Frühstück zu erledigen.[262]

* * *

Als Graham beinahe 80 Jahre alt und in einem Krankenhaus in San Diego bettlägerig war, bat er Buffett, ihm zu helfen, *The Intelligent Investor* für eine Neuausgabe zu überarbeiten. Buffett war einverstanden, doch später erholte sich Graham und ging allein an die Arbeit. Graham schienen die Änderungen, die Buffett vorschlug, zu mißfallen. Um welche Änderungen es ging? Nach Buffetts Aussage nur um wenige: „Ich wollte ein bißchen mehr auf die Inflation eingehen und darauf, wie man als Investor Unternehmen beurteilen sollte. An den zehn Geboten wollte ich gar nicht rütteln.“[263]

* * *

Grahams Theorien finden selten Eingang in die Lehrpläne der Universitäten. Buffett kennt den Grund: „Es ist alles nicht kompliziert genug. Also bringt man den Leuten lieber etwas bei, das schwierig, aber unnütz ist. Wirtschaftsschulen belohnen komplexe Verhaltensformen mehr als einfache, aber die einfachen sind effektiver.“[264]

* * *

Buffett kennt viele Investoren auf der ganzen Welt, die seine Bewunderung für Ben Graham teilen: „Er war für viele wie eine Kompaßnadel, die sich nie ablenken ließ.“[265]

Was Graham über Buffett zu sagen hatte?

Graham sagte einmal zu Charles Brandes, einem Investor, der in Del Mar in Kalifornien lebt: „Warren hat sich sehr gut gemacht.“[266]

* * *

HÖRE NICHT AUF DIE PROFESSOREN

Buffett schimpft über Investmenttheorien wie die Theorie der Markteffizienz, Beta und andere Ansätze, die heute an den wichtigsten Universitäten gelehrt werden. Sie legen seiner Meinung nach zu viel Wert auf abstrakte Theorie und nicht genug auf gesunden Menschenverstand:

„Wenn die Märkte immer effizient wären, dann wäre ich heute ein armer Schlucker auf der Straße, dem man Münzen in den Hut wirft."[267]

* * *

„In einen Markt zu investieren, von dessen Effizienz alle anderen überzeugt sind, ist wie eine Bridgepartie mit jemandem, dem man beigebracht hat, daß es nur von Nachteil ist, wenn man sich die Karten ansieht."[268]

* * *

„Die Tatsache, daß zehntausende Studenten von Wirtschaftsschulen abgehen, denen man beigebracht hat, daß Denken nichts bringt, ist für mich ein Vorteil."[269]

* * *

„Vorlesungen in Finanzwesen können einem helfen, durchschnittlichen Erfolg zu erzielen."[270]

* * *

Buffetts Partner Charlie Munger antwortete auf die Frage, was er denn von den modernen Portfoliomethoden halte, sofort: „Unfug!“ Er setzte hinzu, der Ansatz sei „eine Form des Wahnsinns, die ihresgleichen sucht.“[271]

* * *

Von der Portfoliostrukturierung um die Industriezweige, die in der Zukunft vermutlich am besten abschneiden, will Buffett auch nichts wissen:

> *„Was mich angeht, richte ich mich danach, was es zu kaufen gibt. Wir sind nicht an Kategorien an sich interessiert. Wir sind an Werten interessiert.“*[272]

SCHLIESSE BEKANNTSCHAFT MIT MR. MARKET

Mr. Market war eine Figur, die Graham geschaffen hatte, um seinen Studenten das Verhalten der Märkte zu veranschaulichen. Graham sagte, man solle sich den Aktienmarkt wie einen emotional gestörten Geschäftspartner vorstellen. Dieser Partner, Mr. Market, erscheint jeden Tag, um einen Kurs zu bieten, zu dem er Unternehmensanteile anderer kauft oder seinen eigenen Anteil verkauft. Ganz gleich, wie abwegig dieses Angebot ist oder wie oft man es ablehnt, Mr. Market kommt am nächsten Tag und an jedem folgenden Tag mit einem neuen Angebot wieder. Nach Buffetts Meinung lautet die Moral hier: Mr. Market ist dein Diener, nicht dein Führer.

* * *

Als im März 1989 der Aktienmarkt einen Höhenflug erlebte, schrieb Buffett:

> *„Wir haben keine Vorstellung davon, wie lange diese Exzesse anhalten werden. Wir wissen auch nicht,*

was die Regierung, die Kreditgeber und die Käufer, die dazu beitragen, zum Umdenken bringen wird. Was wir aber wissen: Je weniger vorsichtig andere ihre Geschäfte betreiben, desto vorsichtiger müssen wir unsere eigenen gestalten.“[273]

„Ich versuche nie, auf dem Aktienmarkt Geld zu verdienen. Ich gehe beim Kauf davon aus, daß der Markt am nächsten Tag schließen und erst fünf Jahre später wieder eröffnen könnte.“[274]

* * *

Wie kann ein Anleger sicher sein, daß der Kurs einer Aktie, die der Markt unterbewertet, irgendwann steigen wird?

„Als ich für Graham-Newman arbeitete, stellte ich Ben Graham, meinem damaligen Chef, einmal diese Frage. Er zuckte nur mit den Schultern und gab mir zur Antwort, daß der Markt früher oder später eben immer dafür sorgt. Er hatte recht: Kurzfristig gesehen ist der Markt wie eine Wahlurne, langfristig wie eine Waage.“[275]

* * *

„Man kann damit rechnen, daß die Menschen gierig werden, Angst bekommen oder übermütig werden. In welcher Reihenfolge, läßt sich nicht vorhersagen.“[276]

* * *

„Der Markt hilft wie der liebe Gott denen, die sich selbst helfen.“[277]

IGNORIERE MR. MARKETS LAUNEN

„Charlie und ich haben nie irgendeine Meinung zum Markt. Das wäre nicht vernünftig und würde sich womöglich auch nicht mit denjenigen unserer Einschätzungen vertragen, die vernünftig sind.“[278]

„Wer immer sein Fähnchen in den Wind hängt, wird bestimmt nicht reich.“[279]

* * *

„Der Markt ist nur ein Bezugspunkt, mit dessen Hilfe sich erkennen läßt, ob jemand bereit ist, etwas Verrücktes zu tun. Wenn wir in Aktien investieren, investieren wir in Unternehmen.“[280]

* * *

„Wenn wir ein Unternehmen finden, das uns zusagt, beeinflußt das Marktniveau unsere Entscheidung so gut wie gar nicht. Wir entscheiden über jedes Unternehmen einzeln. Wir verbringen eigentlich nie Zeit damit, uns Gedanken über makroökonomische Faktoren zu machen. Mit anderen Worten, auch wenn uns jemand die Prognose des meistverehrten Fachmanns auf dem Gebiet zukommen lassen würde, komplett mit den Arbeitslosenzahlen und Zinssätzen der nächsten zwei Jahre und dergleichen, würden wir uns nicht darum kümmern. Wir versuchen einfach, uns auf Unternehmen zu konzentrieren, von denen wir glauben, daß wir sie verstehen, und bei denen wir mit dem Preis und der Unternehmensleitung einverstanden sind. Wenn wir auf irgend etwas stoßen, das mit dem zu tun hat, was der Kongreß plant, lesen wir es einfach

nicht. Unserer Meinung nach bringt es schlichtweg nichts, in solchen Dingen eine eigene Meinung zu haben."[281]

* * *

„John Maynard Keynes hat im Grunde gesagt, daß man nicht versuchen soll, herauszufinden, was der Markt vorhat. Stattdessen sollte man sich ein Unternehmen suchen, über das man Bescheid weiß, und sich darauf konzentrieren."[282]

* * *

„Aus irgendeinem Grund richten sich die Leute lieber nach Kursverhalten als nach Werten. Jedenfalls kann es nie gutgehen, wenn man anfängt, Sachen zu machen, von denen man keine Ahnung hat, nur weil letzte Woche jemand anders gut mit ihnen gefahren ist. Der dümmste Grund überhaupt, eine Aktie zu kaufen, ist der, daß sie gerade steigt."[283]

* * *

„Die Zukunft ist nie klar; wer sich auf dem Aktienmarkt leichtfertig mit anderen auf eine Meinung einigt, zahlt einen hohen Preis. Die Ungewißheit ist letzten Endes der Freund derer, die langfristig kaufen."[284]

* * *

NUTZE DIE GUNST DER STUNDE

Auch wenn Buffett Marktverhalten nicht vorhersagen kann, gibt es Situationen, in denen es offensichtlich ist, daß die Aktienkurse allgemein zu hoch oder zu niedrig sind. Solche Situationen erkennt man daran, daß es entweder nur sehr wenige unterbewertete Aktien zu kaufen gibt (der Markt befindet sich in der Stratosphäre), oder aber so viele gute Kaufmöglichkeiten, daß man sie als Anleger gar nicht alle nutzen kann (der Markt hat den Tiefstpunkt erreicht). 1973 standen die Aktienkurse hoch.

> *„Ich fühlte mich wie ein Sexbesessener auf einer einsamen Insel. Ich fand nichts, was ich hätte kaufen können."*[285]

1974 hatte sich Buffets Perspektive zwar nicht geändert, dafür aber (zusammen mit dem Markt) seine Aussichten. Einem Reporter gegenüber äußerte er sich so:

> *„Ich fühle mich wie ein Sexbesessener in einem Harem. Jetzt ist der richtige Zeitpunkt für Investitionen."*[286]

* * *

Im Frühjahr des Jahres 1987 wurde Buffett nach dem Jet gefragt, den er gekauft hatte, und veröffentlichte folgende kleingedruckte Meldung im Berkshire-Jahresbericht:

> *„Ich würde lieber eine gute Aktie kaufen als einen guten Jet, aber es gibt nichts, was für uns in Frage käme – selbst wenn es 10 Prozent billiger würde."*

Er wurde anschließend gefragt, wann der Markt zurückgehen würde. Er antwortete: „Wir haben nicht die leiseste Ahnung."

Buffett und jeder andere sollten es bald herausfinden. Am 19. Oktober 1987 fiel der Dow-Jones-Industrial-Index an einem einzigen Tag um 507 Punkte. Bevor die Marktkorrektur vorüber war, büßte der Dow beinahe ein Drittel seines Wertes ein. Danach erholte sich der Markt wieder und übertraf sogar seine vorherigen Hochs.

* * *

Manchmal findet Buffett keinerlei attraktive Investitionen:

> *„Zur Zeit mag ich weder Aktien noch Bonds und bin damit wohl das genaue Gegenstück von Mae West, die einmal erklärte: ‚Ich mag nur zwei Arten von Männern: Ausländer und Einheimische.'"*[287]

Buffett kauft nach eigenen Angaben gern Aktien, „wenn die Bären sie verschleudern."[288]

LERNE DEN UNTERSCHIED ZWISCHEN KURS UND WERT KENNEN

> *„Der Kurs ist das, was man zahlt. Der Wert ist das, was man erhält."*[289]

* * *

Als Berkshire 1992 die Central States Indemnity Co. mit Sitz in Omaha erwarb, beschrieb William M. Kizer Sen. die Verhandlungen so: „Als er uns seinen Preis nannte, erklärte er, daß er Unternehmen für das Zehnfache ihres (Jahres-)Gewinns kauft. Ich gab zu verstehen: ‚Nun, letztes Jahr haben wir 10 Millionen Dollar Gewinn gemacht; wenn ich richtig rechne, sind das dann 100 Millionen', und schluckte. Er antwortete: ‚Gut.' Ich fragte: ‚125 Millionen?' Er sagte: ‚Zu spät.'"[290]

SUCHE DEN INNEREN WERT

Der innere Wert ist eine wichtige und gleichzeitig nur schwer faßbare Größe:

„Es gibt keine Formel für die Berechnung des inneren Wertes. Man muß über das Geschäft des Unternehmens Bescheid wissen, dessen Aktien man kaufen will."[291]

* * *

„Den Wert eines Unternehmens zu bestimmen, ist teils Kunst, teils Wissenschaft."[292]

* * *

„Man muß etwas nicht zwingend zum billigstmöglichen Preis kaufen. Es muß nur zu einem Kurs angeboten werden, von dem Sie denken, daß er niedriger ist als der Wert des Unternehmens – und das muß von ehrlichen, fähigen Menschen geleitet werden. Aber wenn man sich für weniger als den derzeitigen Wert in eine Firma einkaufen kann und Vertrauen in die Leitung hat, und wenn man dann eine Gruppe von solchen Unternehmen kauft, verdient man höchstwahrscheinlich Geld."[293]

* * *

Daß Wertanleger anderen keine solchen Schnäppchen übriglassen, steht nicht zu befürchten:

„Ich habe in den 35 Jahren, in denen ich es betreibe, keine Tendenz zum Wertinvestment festgestellt. Es muß irgend etwas Widersinniges in der Natur des Menschen liegen, das Einfaches gern schwer macht."[294]

* * *

RECHNE DAMIT, GEGEN DEN STROM ZU SCHWIMMEN

„Berkshire kauft immer dann, wenn die Lemminge in die andere Richtung laufen."[295]

* * *

„Die meisten Leute interessieren sich für Aktien, wenn das alle anderen auch tun. Der richtige Zeitpunkt ist aber dann, wenn jeder sonst uninteressiert ist. Man kann nicht etwas kaufen, das beliebt ist, und Erfolg damit haben."[296]

„Man muß nicht Raumfahrttechnik studiert haben. Investitionen sind kein Gebiet, in dem jemand, der einen IQ von 160 hat, jemandem mit einem IQ von 130 überlegen ist."[297]

* * *

„Glücklicherweise gibt es mehr als einen Weg in den Finanzhimmel."[298]

* * *

INVESTMENT NACH DER ZIGARRENKIPPEN-METHODE

Ein freundschaftlicher Wortwechsel zwischen Walter Schloss und Warren Buffett:

Warren Buffett war ein eifriger Schüler Ben Grahams an der Columbia University und reiste einmal nach New Jersey, um an der Jahreshauptversammlung einer Firma teilzunehmen, an der Graham Anteile hielt. Walter Schloss, der bei Graham-Newman Co. arbeitete, war ebenfalls anwesend. Die beiden kamen ins Gespräch, aßen zusammen zu Mittag und sind seit dem Freunde. Schloss verließ später Grahams Firma und machte sich selbständig. Buffett strich Schloss' beachtliche Investmentbilanz in seinem mittlerweile berühmten Essay „The Super Investors of Graham and Doddsville" heraus.

Seit 39 Jahren erzielt Schloss beharrlich einen jährlichen Gesamtgewinn von knapp über 20 Prozent, während der Standard & Poors Industrials nur einen Zuwachs von knapp unter 10 Prozent verzeichnete. Schloss minimiert die Kosten des Fonds und verzichtet in Jahren, in denen seine Fonds keinen Gewinn abwerfen, auf Verwaltungsgebühren. Schloss meint dazu: „Ich finde, wenn ich versage, sollte ich nicht dafür bezahlt werden."[299]

„Ich glaube, Schloss' Arbeitsstil sollte uns allen eine Lehre sein (eine Lektion, die Charlie bereits gelernt hat). Walter betreibt ein Büro ein Jahr lang mit der Summe, die es Berkshire kostet, um die Motoren der ‚Indefensible' zu starten", sagt Buffett.[300]

Hier eine verknappte Version eines liebevollen Wortgeplänkels zwischen Buffett und Schloss, das im Rahmen einer Veranstaltung des New Yorker Verbands der Wertpapieranalysten zum Gedenken an Benjamin Grahams 100. Geburtstag stattfand. Buffett hatte erklärt, daß Graham die Verwendung von Hilfsmitteln, die für Privatanleger nicht zur Verfügung standen, wie zum Beispiel Gespräche mit Führungskräften, für eine Art von Betrug hielt.

Buffett: Ich war dem Schummeln nicht abgeneigt, aber Walter war in dieser Hinsicht schon immer eher ein Purist. Er hat wirklich seit Jahren eine Investmentbilanz vorzuweisen, die sich sehen lassen kann!

Schloss: Ich rede nicht gern mit Firmenleitern. Mit Aktien läßt sich leichter umgehen. Die widersprechen einem nicht. Sie haben auch keine emotionalen Probleme. Und man muß ihnen nicht gut zureden. Typen wie Warren gibt es nur selten; er ist nicht nur ein guter Analyst, sondern auch ein guter Verkäufer und Menschenkenner. Das ist eine ungewöhnliche

Mischung. Wenn ich ein Unternehmen mitsamt seinem Leiter übernehmen würde, bin ich sicher, daß er am nächsten Tag aufhören würde zu arbeiten. Ich würde ihn als Menschen falsch einschätzen – oder ich würde nicht erkennen, daß ihm in Wirklichkeit gar nichts an der Firma liegt und er nur verkaufen und aussteigen will. Warrens Leute überarbeiten sich fast, nachdem er gekauft hat – das ist, wie gesagt, ein ungewöhnlicher Zug.

Schloss (später im Lauf desselben Gesprächs): Ich besitze eine Menge Aktien. Das gefällt Warren zwar nicht, aber ich kann nichts dafür. Man muß eben das machen, wobei man sich am besten fühlt, auch wenn es nicht so einträglich ist wie das, was Warren macht. Warren gibt es nur einmal. (Da Schloss so viele Aktien besitzt,) ist das Risiko bei jeder einzelnen gar nicht so groß. Ich versuche, Wertpapiere zu kaufen, die eher in Bezug auf die Vermögenswerte als hinsichtlich der Erträge unterbewertet sind. Ich tue mich mit Vermögenswerten leichter als mit Erträgen, weil Erträge so oft schwanken.

Buffett (läßt in diesem Punkt nicht locker – immer noch während desselben Gesprächs): Walter hat schon Hunderte und Aberhunderte von Aktien besessen. Ich nenne das die Zigarrenkippenmethode. Man findet ab und zu Zigarrenstummel. Fast vollständig abgeraucht, aber dafür kostenlos. Man hebt sie auf und kann einen Zug nehmen, ohne dafür zu zahlen. Zu einem bestimmten Preis kann man alles kaufen. In letzter Zeit hat Walter angeblich ab und zu neue Zigarren kaufen müssen. Aber dann bekommt er sie im Ausverkauf.[301]

Schloss bei einer anderen Gelegenheit über Buffett: So etwas wie ihn hat es noch nie gegeben ... das andauernde Wachstum wird schwer zu schaffen sein. Vielleicht fusioniert (Berkshire) irgendwann mit Kanada.[302]

* * *

GEWINNE, GEWINNE, GEWINNE

Gewinne – oder die Aussicht auf zukünftige Gewinne – verleihen einer Aktie ihren Wert:

> *„Wir bevorzugen Aktien, die eine im Verhältnis zum investierten Kapital hohe Rendite erzeugen und bei denen die Aussicht besteht, daß das auch in Zukunft so bleibt. Als wir zum Beispiel das letzte Mal Coca-Cola kauften, wurde die Aktie ungefähr zum Dreiundzwanzigfachen des Gewinns verkauft. Wenn wir von unserem Kaufpreis und den heutigen Gewinnen ausgehen, ergibt das ungefähr das Fünffache der Gewinne. Entscheidend ist, wie sich das eingesetzte Kapital, die Rendite daraus und das in Zukunft erzeugte Kapital zum heutigen Kaufpreis verhält."*[303]

* * *

> *„Wenn das Unternehmen gut läuft, zieht der Aktienkurs letzten Endes nach."*[304]

Buffett erklärt, daß der Kauf von Aktien von Unternehmen mit starken Gewinnen Schutz vor Inflation bietet:

> *„Ironischerweise führen die meisten finanziellen Anforderungen, die die Inflation verursacht, dazu, daß die gewinnträchtigsten Unternehmen – im allgemeinen die kreditwürdigsten – relativ wenig Fremdkapital erfordern. Aber die, die es nur zu geringerer Rentabilität gebracht haben, können nie genug bekommen. Die Kreditgeber durchschauen dieses Problem heute viel besser als vor zehn Jahren – und sind dementsprechend nicht mehr ohne weiteres bereit, zuzulassen, daß kapitalhungrige und wenig gewinn-*

trächtige Unternehmen sich mit Hilfe von Unmengen von Fremdkapital endlos aufblähen."[305]

* * *

Ein Quartalsergebnis macht noch keinen Ertragstrend, wie Buffett feststellte, als er erörterte, in welche Richtung sich Salomon Inc. bewegte:

„Solange wir jährlich 15 Prozent Eigenkapitalrendite erzielen, mache ich mir über einzelne Quartalsergebnisse keine Gedanken."[306]

BLICKE NICHT ZURÜCK SONDERN NACH VORNE

„Pensionsfondsmanager richten sich, wenn sie Investmententscheidungen treffen, immer noch vor allem nach dem, was sie im Rückspiegel sehen. Diese allgemein rückständige Methode hat sich schon in der Vergangenheit als teuer erwiesen und wird sich aller Wahrscheinlichkeit nach auch künftig als teuer erweisen."[307]

„Es ist doch selbstverständlich, daß der Anleger von heute nicht vom Wachstum von gestern profitiert."[308]

VERMEIDE DAS RISIKO

„Ich lege großes Gewicht auf Sicherheit ... wer das tut, für den ergibt die Vorstellung von Risikofaktoren überhaupt keinen Sinn. Wer überhaupt ein ernsthaftes Risiko eingeht, legt kein Gewicht auf Sicherheit. Jedenfalls ist es nicht riskant, Wertpapiere zu einem Bruchteil ihres eigentlichen Wertes zu kaufen."[309]

* * *

Buffett benutzt die *Washington Post* oft als Beispiel für risikoloses Investment. 1973 betrug der Marktwert der *Washington Post* 80 Millionen Dollar und das Unternehmen hatte keine Schulden. Buffett dazu: „Wenn man irgend jemanden aus der Branche nach dem Wert der *Washington Post* gefragt hätte, hätte er vielleicht 400 Millionen Dollar oder etwas ähnliches gesagt. Man hätte um zwei Uhr früh mitten auf dem Atlantik eine Auktion abhalten können, und es wären Leute aufgetaucht, die soviel geboten hätten. Zudem wurde das Unternehmen von ehrlichen, fähigen Leuten geleitet, die alle einen bedeutenden Anteil am Gesamtwert des Unternehmens hatten. Es war todsicher. Ich hätte ohne Bedenken mein gesamtes Nettovermögen hineinstecken können – gar keine Frage."

„Risiken entstehen, wenn man nicht weiß, was man tut."[310]

SPIELE NICHT ROULETTE

„Die Bereitschaft, sich auf Glücksspiele einzulassen, steigt immer, wenn ein hoher möglicher Gewinn und niedrige Spieleinsätze zusammenkommen, egal, wie schlecht die Chancen in Wirklichkeit stehen. Deshalb werben die Kasinos in Las Vegas auch mit großen Jackpots und staatliche Lotterien mit Riesengewinnen."[311]

* * *

Einige Produkte auf dem Futuresmarkt sind nichts anderes als Glücksspiele, mit denen die Kasinobesitzer mühelos das große Geld verdienen. Buffett: „Und je mehr los ist, desto mehr zahlendes Publikum gibt es, und desto mehr Geld sammelt sich an und wird unter den Brokerfirmen aufgeteilt."[312]

* * *

Wen es ins Kasino zieht, der sollte darauf achten, was er trinkt:

> *„Auf den Märkten hat man es oft mit närrischen Menschen zu tun. Es ist wie ein einziges großes Kasino, in dem alle anderen etwas zu tief ins Glas schauen. Wer bei Pepsi (oder Coca-Cola, wie Buffett heute vielleicht sagen würde) bleibt, hat es jedenfalls leichter."*[313]

* * *

Marshall Weinberg von der Brokerfirma Gruntal & Co. erzählt, wie er einmal mit Buffett in Manhattan zu Mittag aß: „Er bekam ein ausgezeichnetes Schinken-Käse-Sandwich serviert. Ein paar Tage später gingen wir wieder essen. Er sagte: ‚Gehen wir wieder ins gleiche Restaurant.' Ich entgegnete: ‚Aber da waren wir doch erst vor kurzem.' Seine Antwort: ‚Eben. Warum sollen wir dann bei einem anderen Restaurant ein Risiko eingehen? Hier wissen wir genau, was uns erwartet.'" Weinberg weiter: „Genauso sucht Warren auch Aktien aus. Er investiert nur in Unternehmen, die ihn höchstwahrscheinlich nicht enttäuschen."[314]

> *„Die Leute können mit einem Lotterieschein, von dem man ihnen verspricht, daß er nächste Woche vielleicht gewinnt, mehr anfangen als mit der Gelegenheit, langsam reich zu werden."*[315]

* * *

Das Glücksrittertum in den Märkten ist gefährlich für die Anleger und hat negative Auswirkungen auf die Wirtschaft des Landes:

> *„Wir brauchen nicht noch mehr Leute, die mit Hilfe der sekundären Instrumente, die hierzulande*

mit dem Aktienmarkt gleichgesetzt werden, ihre Glücksspielchen treiben, und auch keine Broker, die sie noch dazu anstiften. Was wir brauchen, sind Anleger und Berater, die auf die langfristigen Perspektiven einer Firma achten und dementsprechend investieren. Wir brauchen den intelligenten Einsatz von Investmentkapital und nicht kreditfinanzierte Wetten, die auf den Markt abgeschlossen werden. Die Wahrscheinlichkeit, daß Menschen in den intelligenten, sozialeren Sektoren der Kapitalmärkte arbeiten, wird durch belebte, attraktive Spielkasinos, die auf einem recht ähnlichen Gebiet tätig sind, eine ähnliche Sprache sprechen und vom selben Personal betrieben werden, nicht gesteigert, sondern verringert.“[316]

ACHTE AUF UNGEWÖHNLICHE SITUATIONEN

„Erstklassige Investmentgelegenheiten ergeben sich, wenn sich hervorragende Unternehmen in Situationen befinden, die dazu führen, daß ihre Aktie falsch bewertet wird.“[317]

SEI AUF ALLE SITUATIONEN GEFASST

„Wer nackt schwimmt, erkennt man erst bei Ebbe.“[318]

VERMEIDE ZU GROSSE SCHULDEN

Buffett vergleicht Kreditaufnahmen mit einem Dolch, der am Lenkrad eines Unternehmens festgebunden und direkt auf dessen Herz gerichtet ist:

„Das nächste Schlagloch kommt bestimmt.“[319]

* * *

Charlie Munger hat ebenfalls eine eigene Meinung zu Schulden: „Warren und ich sind Hasenfüße, wenn es darum geht, Aktien auf Kredit zu kaufen. Wenn man an andere verpfändete Wertpapiere kauft, besteht immer eine gewisse Gefahr, daß es zur Katastrophe kommt. Das Beste ist, so Kredit aufzunehmen, daß man durch nichts, was kurzfristig passieren kann, aus dem Konzept gebracht wird."[320]

* * *

Buffett ist auch der Meinung, daß das US-Handelsdefizit ein gefährlich wachsender Schuldenberg ist, der eine Hypothek auf die Vermögenswerte der USA darstellt:

> *„Unser Reichtum wird uns beim Versuch, eine ausgeglichene Handelsbilanz herzustellen, zum Verhängnis. Wenn wir nicht so wohlhabend wären, würde die harte Wirklichkeit des Handelswesens unser Defizit in Grenzen halten. Weil wir aber reich sind, können wir weiterhin ertragreiches Vermögen gegen wertlose Konsumgüter eintauschen. Wir sind etwa wie eine reiche Familie, die einen Bauernhof besitzt und jedes Jahr Land verkauft, damit sie sich einen Lebensstil leisten kann, der durch ihre Erzeugnisse gegenwärtig nicht gewährleistet wird. Bis das letzte Stück Anbaufläche verschwunden ist, herrscht überall eitel Sonnenschein. Letzten Endes tauschen die Familienmitglieder aber ein Dasein als Grundbesitzer gegen eines als Pächter ein."*[321]

Buffett schlägt eine Lösung für das Problem der Handelsbilanz vor: ein System, nach dem jedes Mal Importzertifikate ausgestellt würden, wenn eine bestimmte Warenmenge exportiert würde. Somit wäre ein Zertifikat erforderlich, um die gleiche Menge Waren in die Vereinigten Staaten zu importieren. Der Exporteur könnte seine Zertifikate an einen Importeur verkaufen oder sie eintauschen. Die Folge davon wäre der regelmäßige Kauf, Verkauf oder Tausch von Zertifikaten, und Import und Export hätten immer den gleichen Wert. Buffett schlug dieses System 1987 in einem Beitrag vor, den er als gelegentlicher Kolumnist für die *Washington Post* geschrieben hatte. Da der Vorschlag die Importkosten erhöhen und den Konsum von Gütern ausländischer Herkunft in den Vereinigten Staaten verringern (also den im Land verbreiteten Hang, mehr zu verbrauchen, als produziert wird), kontrollieren würde, löste Buffetts Idee nicht gerade massenhafte Begeisterung aus.

HALTE AUSSCHAU NACH EINDEUTIGEN SCHNÄPPCHEN

In einigen Darstellungen von Buffetts Investmentstil wird beschrieben, wie er den Kapitalstrom, den ein Unternehmen heute und in der Zukunft erzeugt, mißt, und dann unter Verwendung eines plausiblen Zinssatzes den Cashflow wieder auf die Gegenwart umrechnet. Ist es möglich, daß Buffett diese Berechnungen einfach im Kopf ablaufen läßt? Vielleicht. Es scheint jedenfalls keine Aufzeichnungen zu geben:

„Warren redet oft von diesem umgerechneten Cashflow ... ich habe noch nie gesehen, wie er das macht", kommentiert Munger mürrisch.

Buffetts Antwort: „Es stimmt; wenn einem der Wert eines Unternehmens nicht sofort ins Auge springt, dann ist es nicht sicher genug."[322]

WENN MÖGLICH – ARBITRAGE

„Da meine Mutter heute hier nicht anwesend ist", sagte Buffett einmal während eines Wirtschaftsseminars,[323] „gestehe ich Ihnen, daß ich auch schon als Arbitrageur tätig war." Buffett machte sich in seinen Anfangsjahren bei Graham-Newman mit Arbitragegeschäften vertraut. In ihrer reinsten Form bedeuten Arbitragegeschäfte, auf einem Markt billig zu kaufen und auf einem anderen zu einem höheren Preis zu verkaufen. Buffett greift auf Arbitrage zurück, wenn ein Unternehmen die Übernahme eines anderen zu einem Preis ankündigt, der höher als die derzeitige Marktquotierung ist:

> *„Direkt nach einer Ankündigung prüfen wir das Arbitragegeschäft. Wir gehen danach, was da angekündigt worden ist, was es unserer Meinung nach wert ist, was wir bezahlen und wie lang wir uns engagieren müßten. Wir versuchen, die Wahrscheinlichkeit zu errechnen, daß es gutgeht. So sieht unsere Kalkulation aus; der Name der beteiligten Unternehmen ist kaum von Belang."*[324]

ÜBE DICH IN GEDULD

> *„Im Investment wird Zeitspiel nicht abgepfiffen. Man kann sich in Ruhe freispielen und zielen, und wenn einem General Motors bei 47 gegenübersteht und man nicht weiß, in welche Richtung General Motors bei 47 normalerweise geht, wartet man eben. Das Spiel wird nicht unterbrochen. Man ist so lange am Ball, bis man vorbeischießt."*[325]

* * *

„Ich habe nie nach einem Ball geschlagen, wenn er sich noch in der Hand des Werfers befunden hat", sagte Buffett bei einer anderen Gelegenheit.[326]

* * *

> *„Es ist besser, bei allem, was man tut, auf die richtige Gelegenheit zu warten. Ich habe in meinem*

Leben Phasen gehabt, in denen ich Ideen in Hülle und Fülle hatte, und ich habe auch schon längere unergiebige Phasen erlebt. Wenn mir nächste Woche etwas einfällt, tue ich auch etwas; wenn nicht, werde ich den Teufel tun und irgend etwas unternehmen.“[327]

* * *

„Selbst wenn man einem Ort wohnt, an dem die Post mit drei Wochen Verspätung ankommt, kann man immer noch problemlos investieren.“[328]

MACHE DIR DEINE EIGENEN GEDANKEN

Munger glaubt, daß die Tatsache, daß Buffett aus Omaha stammt, zu dessen Pioniergeist und Einzelkämpfertum beigetragen hat: „Buffett ist fest davon überzeugt, daß erfolgreiches Investment naturgemäß und von vornherein unabhängig sein muß.“[329]

* * *

Wieviel Gewicht mißt Buffett den Empfehlungen von Brokern bei?

„Frag nie den Friseur, ob du einen Haarschnitt brauchst.“[330]

* * *

Und was Prognosen zum Aktienmarkt angeht:

„Prognosen sagen in der Regel mehr über den aus, der sie anstellt, als über die Zukunft.“[331]

* * *

Immer wieder wollen Menschen Buffett dazu überreden, in ihre Ideen zu investieren. Er reagiert darauf so:

„Mit meinen Ideen und Ihrem Geld könnten wir sicher etwas anfangen.“[332]

* * *

Buffett auf die Frage, warum er 1983 und 1984 hochspekulative Junk-Bonds von Washington Power Supply System (WPPSS, auch als WHOOPS bekannt) im Wert von 139 Millionen Dollar kaufte, als sie die Ratings als höchst riskant auswiesen:

„Wir entscheiden doch nicht nach Ratings. Wenn wir Moody's und Standard & Poor's unser Geld investieren lassen wollten, würden wir es ihnen geben.“[333]

ANMERKUNG: Die Bonds gerieten nicht in Verzug und boten eine feste steuerfreie Rendite von 16,3 Prozent, was einen Jahresertrag von 22,7 Millionen Dollar bedeutete.

* * *

Buffett und Munger bilden zu zweit ihr eigenes Komitee, und manchmal scheint selbst Charlie außen vor zu stehen. Buffett:

„Meine Vorstellung von einer einstimmigen Entscheidung ist ein Blick in den Spiegel.“[334]

* * *

„Auch wenn der Vorsitzende der Zentralbank Alan Greenspan mir zuflüstern würde, daß seine Geldpolitik in den nächsten zwei Jahren vorbei wäre, würde ich rein gar nichts an dem ändern, was ich tue.“[325]

* * *

Vor allem sollte man nie einen Computer um Rat fragen:

„Je mehr Hilfsmittel eingesetzt werden, desto intelligenter müssen die Marktteilnehmer sein."[336]

* * *

„Jeder muß sich seine eigenen Gedanken machen. Ich finde es immer unbegreiflich, wie Leute mit hohen IQs oft stumpfsinnig andere kopieren. Ich komme nie auf gute Ideen, wenn ich mit anderen Leuten rede."[337]

* * *

Für den Fall, daß eigene Überlegungen einmal zu anstrengend werden, hat Buffett eine von Goethe übernommene Anregung parat:

„Wenn die Gedanken versagen, kommt man mit Worten weiter."[338]

ARBEITE MIT DEM RICHTIGEN HANDWERKSZEUG

Buffetts Ratschlag an den unabhängigen Investor lautet:

„Sie sollten eine Ahnung davon haben, wie das Geschäft läuft, mit seiner Sprache (dem Rechnungswesen) vertraut sein, etwas Begeisterung für das Gebiet mitbringen und außerdem persönliche Eigenschaften haben, die wichtiger als IQ-Punkte sein können. Diese Eigenschaften werden es Ihnen erlauben, selbständig zu denken und verschiedene Formen der

Massenhysterie zu vermeiden, die die Märkte von Zeit zu Zeit heimsuchen.“[339]

* * *

Das Verständnis der Grundbegriffe des Rechnungswesens ist eine Form des Selbstschutzes:

„Wenn Sie ein Manager über die Fakten seines Unternehmens informieren will, kann er das tun, indem er sich an die Regeln der Buchführung hält. Leider kann er aber auch, zumindest in manchen Branchen, Spielchen mit Ihnen treiben und sich dabei ebenso an die Regeln der Buchführung halten. Wer den Unterschied nicht erkennt, sollte die Auswahl von Aktien nicht berufsmäßig betreiben.“[340]

MISSTRAUE DER WALL STREET

„Die Wall Street ist der einzige Ort, an dem Leute im Rolls Royce vorfahren, um sich von denen beraten zu lassen, die die U-Bahn nehmen.“[341]

* * *

„Profis auf anderen Gebieten, wie zum Beispiel Zahnärzte, leisten dem Laien gute Dienste. Von professionellen Kapitalmanagern aber sieht man im allgemeinen nichts für sein Geld.“[342]

* * *

„An der Wall Street stellt man die ungehemmte Vermehrung von irrsinnigen Finanzglücksspielen gern als eine hochgeistige, verantwortungsvolle Tätigkeit hin, die die Feinabstimmung eines komplexen

Wirtschaftssystems erlaubt. Die Wahrheit sieht aber anders aus: Kurzfristige Geschäfte wirken oft wie ein unsichtbarer Fuß, der die Gesellschaft gegen das Schienbein tritt.“[343]

* * *

Optionshändler nimmt Buffett besonders gerne aufs Korn:

„Ich stelle mir immer vor, wie ein Schiff mit 25 Brokern sinkt und sie sich dann auf eine Insel retten, von der es kein Entrinnen gibt. Ich würde gerne wissen, ob sie, wenn sie ein Wirtschaftssystem entwickeln müßten, das ihren Konsum und ihren Lebensstandard maximiert, 20 Mann dazu abstellen würden, für Nahrung, Kleidung, Unterkünfte usw. zu sorgen, und fünf Mann damit beauftragen würden, auf der Grundlage der Produktion der 20 anderen unablässig mit Optionen zu handeln.“[344]

* * *

„Viele an der Wall Street betrachten sowohl Unternehmen als auch Aktien nur als Rohstoff, mit dem sich Geschäfte machen lassen.“[345]

Charlie Munger stimmt mit John Maynard Keynes überein, der die Vermögensverwaltung als eine „niedere Berufung“ bezeichnete.

„Warren und ich unterscheiden uns von anderen in gewisser Weise dadurch, daß wir tatsächlich Unternehmen leiten und Kapital investieren. Keynes versuchte, seine „Sünden“ wieder gutzumachen, indem er seiner Universität Geld beschaffte und seiner Nation diente. Ich übe meine Aktivitäten außerhalb der Firma aus, um Buße zu tun, und Warren setzt seinen Erfolg als Investor ein, um sein Wissen auf großartige Weise weiterzugeben. Und wir verdienen beide gern Geld für diejenigen, die uns schon ganz früh vertrauten, als wir noch jung und arm waren."[346]

KAUFE NUR WERTPAPIERE, VON DENEN DU ETWAS VERSTEHST

„Investments müssen begründet sein. Von Dingen, die man nicht versteht, soll man die Finger lassen."[347]

* * *

Auf die Frage nach dem Einsatz von Derivaten als Anlageinstrumente antwortet Buffett, dabei gebe es ein doppeltes Risiko: Die wenigsten Anleger seien in der Lage, Derivate wirklich zu durchschauen, und außerdem erforderten sie oft massive Fremdfinanzierung:

„Wenn Unwissen und Schulden zusammenkommen, sind die Folgen mitunter recht interessant."[348]

* * *

„Ich will in der Lage sein, meine Fehler zu erklären. Das bedeutet, daß ich nur Dinge tue, die ich vollkommen durchschaue."[349]

* * *

Berkshire besaß im Oktober 1985 vier Millionen Anteile an der General Foods Corporation und strich, als das Unternehmen zu diesem Zeitpunkt an Philip Morris Co. verkauft wurde, 332 Millionen Dollar Gewinn ein. General Foods ist im Besitz bekannter Markennamen wie Tang, Jell-O und Kool-Aid. Buffett dazu:

„Kool-Aid ist für mich durchschaubar."

INVESTIERE IN MÄRKTE, DIE DU ÜBERSCHAUEN KANNST

Was für einzelne Aktien gilt, gilt auch für Aktienmärkte. Obwohl Buffett nach eigener Aussage prinzipiell überall nach guten Geschäften Ausschau hält, kauft er normalerweise innerhalb der USA:

> *„Wir bevorzugen selbstverständlich Unternehmen, die sich auch auf dem internationalen Markt behaupten, vor allem, wenn sie noch großes Potential mitbringen. Ob wir Coca-Cola auch kaufen würden, wenn die Firma ihren Sitz nicht in Atlanta, sondern in London, Amsterdam oder sonst irgendwo hätte? Die Antwort ist selbstverständlich ja. Ob ich mich dabei auch genauso gut fühlen würde? Die Antwort lautet: ‚Fast, aber nicht ganz.' Es könnte womöglich – und zwar selbst in England – Feinheiten in der Unternehmensführung, Steuerfaktoren oder leicht verschiedene Einstellungen zum Kapitalismus geben, von denen ich nicht so viel verstehe wie in den Vereinigten Staaten."*[350]
>
> *„Es ist schon schwer genug, mit den Eigenheiten und Schwierigkeiten der Kultur zurechtzukommen, in der man aufwächst, von mehreren anderen ganz zu schweigen. Außerdem müssen die meisten unserer Aktionäre ihre Rechnungen in US-Dollars begleichen."*[351]

* * *

Darüber hinaus besitzt der US-Aktienmarkt gewaltige Ausmaße:

> *„Wenn ich auf einem Markt von 5 Billionen Dollar nicht in der Lage bin, Geld zu verdienen, ist es*

doch vielleicht eher eine Wunschvorstellung, wenn ich denke, ich brauche nur ein paar tausend Meilen zu reisen, um richtig loslegen zu können.“[352]

ERARBEITE DIR EINEN ERFAHRUNGSBEREICH

Und so geht es:

„Kreisen Sie die Firmen ein, über die Sie Bescheid wissen und streichen Sie diejenigen, die in puncto Wert oder Unternehmensführung zu wünschen übrig lassen oder oft mit Schwierigkeiten zu kämpfen hatten.“[353]

Der nächste Schritt:

„Ich würde mich immer nur auf eine Branche gleichzeitig konzentrieren und mich in ein halbes Dutzend bis zu einem gewissen Grad einarbeiten. Weitläufigen Anschauungen zu dieser oder jener Branche würde ich dabei nicht die geringste Bedeutung beimessen. Ich würde versuchen, alles selbst zu durchdenken.

Wenn ich auf der Suche nach einem Versicherungs- oder Zeitungsunternehmen wäre, würde ich mir vorstellen, ich hätte die Firma gerade geerbt und sie wäre das einzige, was meine Familie je an Vermögen besitzen würde.

Was würde ich damit machen? Worüber mache ich mir Gedanken? Wo sehe ich Schwierigkeiten? Wie sieht meine Konkurrenz aus? Wer sind meine Kunden? Unterhalten Sie sich mit ihnen. Finden Sie die Stärken und Schwächen dieses speziellen Unternehmens heraus, die es von allen anderen unterscheiden.

Wenn Sie das getan haben, verstehen Sie vielleicht mehr von einem Unternehmen als diejenigen, die es leiten.“[354]

* * *

„Unsere Prinzipien lassen sich auch auf Technologiewerte anwenden, aber wir wissen nicht, wie. Wenn wir Ihr Geld schon verlieren, dann wollen wir wenigstens nächstes Jahr vor Sie hintreten und erklären können, wie wir das geschafft haben. Ich bin mir sicher, Bill Gates würde dieselben Prinzipien anwenden. Er versteht von Technologie so viel wie ich von Coca-Cola oder Gillette. Ich bin überzeugt, auch er legt Wert auf einen Sicherheitsspielraum. Ich bin überzeugt, er würde an ein Unternehmen so herangehen, als ob er es selbst besäße, und nicht nur dessen Aktien. Unsere Prinzipien können also für jede beliebige Technologie gelten. Nur wollen wir sie nicht anwenden. Wenn wir innerhalb unseres Erfahrungsbereichs nichts finden, erweitern wir den Kreis nicht etwa, sondern wir warten.“[355]

* * *

„Jeder, der behauptet, daß er alle Aktien in ‚Value Line‘ – und auch sonst alle – bewerten kann, muß eine überzogene Vorstellung von seinen eigenen Fähigkeiten haben, denn so leicht ist es nicht. Wenn man aber seine Zeit damit verbringt, sich auf einige wenige Branchen zu konzentrieren, lernt man viel über richtige Bewertung.“[356]

* * *

Die Tatsache, daß Buffett nicht über seinen Erfahrungsbereich hinausgeht, führte dazu, daß er gelegentlich gute Investmentgelegenheiten einfach deswegen verpaßte, weil er nicht die Fähigkeit oder das Wissen besaß, die betreffenden Unternehmen zu bewerten:

> *„Die Chancen auf dem Mobiltelefonmarkt habe ich verpaßt, weil das außerhalb meines Erfahrungsbereiches liegt."*[357]

* * *

> *„Das Wichtigste an einem Erfahrungsbereich ist nicht, wie groß er ist, sondern wie gut man seine Grenzen abgesteckt hat. Wer weiß, wo die Grenze verläuft, hat einen Vorteil gegenüber demjenigen, der einen fünfmal so großen Bereich hat, aber seine Grenzen nicht kennt."*[358]

* * *

Ein solcher Bereich kann ein Leben lang von Nutzen sein. 1995 erwarb Berkshire die 49 Prozent von GEICO, die sich noch nicht im Besitz von Berkshire befanden. Buffetts Interesse an GEICO erwachte, als er erfuhr, daß dessen Vorsitzender sein Professor Ben Graham war:

> *„Als ich 20 war, investierte ich weit über die Hälfte meines gesamten Eigenkapitals in GEICO."*[359]

* * *

Buffett erklärt, warum er in Versicherungen investiert, obwohl diese als Achterbahnbranche verschrieen sind: „Manchmal ist es ein gutes Unternehmen – und das ist ziemlich selten – und manchmal ein furchtbar schlechtes."

Es kommt nur darauf an, wie man mit dem Risiko umgeht:

„Ich kann auch auf einer Intensivstation noch Lebensversicherungen verkaufen. Ich muß nur ausreichend hohe Prämien verlangen können.“[360]

ANMERKUNG: Buffett ist für seine Fähigkeit bekannt, die Einnahmen von Versicherungen zu Investitionen zu nutzen – das Geld, das in Form von Prämien eingenommen, aber noch nicht in Form von Leistungen ausbezahlt worden ist.

KAUF DIR EINE LESEBRILLE

Wie bestimmt Buffett den Wert eines Unternehmens?

„Man muß viel lesen.“[361]

* * *

„Ich lese die Jahresberichte der Firma, die ich mir näher ansehe, und die der Konkurrenz – das sind meine Hauptinformationsquellen.“[362]

* * *

Als er begann, sich für GEICO zu interessieren, tat Buffett genau das: „Ich las viel. Ich ging in die Bücherei ... Ich fing mit Bests' (ein Unternehmen, das Versicherungsgesellschaften analysiert) an, sah mir viele Gesellschaften an, las ein paar Bücher und Jahresberichte, redete mit Versicherungsfachleuten und, wenn möglich, auch mit den Firmenleitungen.“[363]

* * *

Wer nicht alles versteht, sollte Buffett zufolge die Schuld nicht bei sich selbst suchen:

„Es ist nicht unmöglich, (Bilanz-)Angaben so zu

schreiben, daß sie abgegrenzte Kaufkosten im Bereich Lebensversicherungen oder sonst irgend etwas erklären. Man kann sie so schreiben, daß sie verständlich sind. Wenn sie so geschrieben sind, daß ich sie nicht verstehe, werde ich höchst mißtrauisch. Wenn ich die entsprechenden Erklärungen nicht verstehe, investiere ich nicht in das Unternehmen, weil ich weiß, daß man nicht will, daß ich sie verstehe."[364]

* * *

RECHERCHIERE WIE EIN REPORTER

Bob Woodward, ein Reporter der *Washington Post* (der durch Watergate berühmt wurde), fragte Buffett einmal, wie er Aktien analysierte. Buffett dazu:

„Investieren und Journalismus sind dasselbe. Ich bat ihn, sich vorzustellen, er müßte an einem fundierten Artikel über seine eigene Zeitung arbeiten. Er würde viele Fragen stellen und auf viele Fakten stoßen. Schließlich würde er über die ‚Washington Post' Bescheid wissen. Mehr ist nicht dabei."[365]

* * *

Buffetts Nachforschungen nehmen manchmal unkonventionelle Gestalt an. In einem Fall saß Buffett bei Ross, seinem Lieblingssteakhaus in Omaha, hinter der Registrierkasse und zählte, wie viele Kunden American Express-Karten benutzten.[366] Manchmal scheinen die Recherchen auch gar keine Recherchen zu sein:

„Ich erinnere mich, daß ich einmal um ungefähr zwei Uhr nachmittags in ein Kino in der 45. Straße am Broadway ging, um ‚Mary Poppins' zu sehen. Ich hatte eine kleine Aktentasche dabei. Ich ging zur

Frau am Kartenschalter und sagte: ‚Hier ist irgendwo auch noch ein Kind, das zu mir gehört.‘ Ich wollte einfach feststellen, ob man den Film in Zukunft immer wieder würde zeigen können.“[367]

MACHE ES DIR NICHT UNNÖTIG SCHWER

Als ein Freund ihm vorschlug, sich im Immobiliengeschäft zu versuchen, antwortete Buffett:

> *„Warum sollte ich Immobilien kaufen, wenn der Aktienmarkt so überschaubar ist?“*[368]

* * *

> *„Die Grundgedanken des Wertinvestments scheinen mir so einfach und naheliegend. Es kommt mir wie eine Verschwendung vor, zu studieren und einen Doktortitel in Wirtschaftswissenschaften zu machen. Es ist ein bißchen so, als würde man acht Jahre lang das Priesterseminar besuchen und dann erfahren, daß die Zehn Gebote alles sind, was zählt.“*[369]

* * *

Buffetts Antwort auf die Frage, wie er und Munger den Unternehmen, die sie kaufen, „angemessene Sorgfalt“ zuteil werden lassen:

> *„Wenn man allzu viele Nachforschungen anstellen muß, stimmt irgend etwas nicht.“*

* * *

Charlie Munger bemerkt, anläßlich einer Übernahme seien einmal die Aufzeichnungen ihrer Mitarbeiter angefordert worden: „Es gab keine Aufzeichnungen. Es gab auch keine Mitarbeiter.“[370]

* * *

1986 gab Berkshire Hathaway folgende Zeitungsanzeige auf, in der verkaufswillige Unternehmen gesucht wurden:

> *„Wir arbeiten ohne Mitarbeiterstab und müssen über Ihr Unternehmen weder mit einer Investitions- noch mit einer Geschäftsbank oder sonst irgend jemandem diskutieren. Sie werden nur mit Charles Munger, Berkshires Vize-Vorsitzendem, und mir zu tun haben."*[371]

* * *

> *„Investieren heißt nur, gute Aktien zum richtigen Zeitpunkt auszuwählen und sie dann so lange zu halten, wie die Unternehmen selbst gut sind."*[372]

* * *

> *„Man braucht kein Superhirn. Investitionen sind kein Gebiet, in dem jemand, der einen IQ von 160 hat, jemandem mit einem IQ von 130 überlegen ist."*[373]

> *„Wenn ich an einer Wirtschaftsschule einen Vortrag halte, sage ich immer, die Studenten wären gut beraten, sich nach ihrem Abschluß eine Lochkarte mit 20 vorgestanzten Stellen zu besorgen. Für jede Investitionsentscheidung, die sie treffen, machen sie dann ein Loch. Wer nur für herausragende Ideen ein Loch macht, braucht nie alle 20 auf."*[374]

ANMERKUNG: Mark Hulbert, Kolumnist für *Forbes,* kam nach einigen Berechnungen zu dem Ergebnis, daß Buffetts langfristige Erfolgsquote – sieht man von den besten 15 seiner Hunderte von Entscheidungen ab – nur durchschnittlich wäre.[375]

* * *

Charlie Munger hat zu dieser einfachen Theorie folgendes zu sagen: „Wenn man Warren glaubt, kann man alles, was es über Portfoliomanagement zu wissen gibt, in ein paar Wochen lehren.“[376]

PLANE IM GROSSEN MASSSTAB

Vor Jahren tippte Buffett zu Beginn einer Jahreshauptversammlung von Berkshire Hathaway auf das Mikrophon, um festzustellen, ob es angeschaltet ist: „Test ... eine Million ... zwei Millionen ... drei Millionen.“[377]

> *„Als ich damals eine Kapitalanlagegesellschaft leitete, machte ich einmal eine Studie, in der ich unsere Investitionen größeren Maßstabs mit den kleineren verglich. Die umfangreichen Investitionen schnitten immer besser ab als die kleinen. Wenn eine große Entscheidung ansteht, gilt es einen gewissen Mindestgrad an Sorgfalt, Skepsis und Information zu erreichen, den man bei weniger wichtigen Entscheidungen unter Umständen vernachlässigt. Es gibt Leute, die sagen: ‚Ich habe von dieser und jener Aktie hundert Stück gekauft, weil mir neulich auf einer Party jemand davon erzählt hat.‘ Man tendiert eben dazu, zu glauben, daß man weniger folgenschwere Entscheidungen auch ohne einen triftigen Grund fällen kann.“*[378]

* * *

> *„Ich kann mich nicht mit 50 oder 75 Dingen gleichzeitig beschäftigen. Das ist das Arche-Noah-Investmentprinzip. Auf diese Weise hat man irgendwann einen Zoo beisammen. Ich stecke lieber ernstzunehmende Geldbeträge in einige wenige Dinge.“*[379]

* * *

Die Art von Aktien, die Berkshire bevorzugt, beschreibt er so:

> *„Was wir suchen, ist eine Boeing 747, kein Modellbauflugzeug."*[380]

* * *

> *„Ich bin wie ein Basketballtrainer. Ich gehe auf die Straße und suche jemanden über 2,10 m. Wenn einer auf mich zukommt und sagt: ‚Ich bin zwar nur 1,65 m, aber Sie sollten mal sehen, wie ich mit dem Ball umgehe', bin ich nicht interessiert."*[381]

* * *

Ob groß oder klein, die Leistung der Firma muß stimmen:

> *„Ich habe ein Unternehmen im Wert von 10 Millionen, das 15 Prozent Gewinn macht, lieber als eines im Wert von 100 Millionen mit 5 Prozent Gewinn."*[382]

SEI DIR ÜBER DEINE WÜNSCHE IM KLAREN

Die Anzeige im *Wall Street Journal,* in der Berkshire Hathaway mögliche Kaufobjekte suchte, war fast eine Checkliste für Wertinvestoren. Da stand:[383]

> Worauf wir Wert legen:
>
> **1.** Kaufobjekte größeren Umfangs (mindestens 10 Millionen Dollar Nettogewinn, vorzugsweise weit mehr).

[ANMERKUNG: Einzelanleger brauchen diese erste Bedingung nicht zu beachten. Sie besteht nur, weil kleinere Erwerbungen für

Berkshires Gesamtbilanz von verschwindend geringer Bedeutung sind. Die Tatsache, daß Privatanleger von solchen kleineren Investitionen profitieren können, bedeutet einen Vorteil, da sie Aktien aus einem viel größeren Bereich auswählen können.]

> **2.** Nachgewiesen konstante Ertragskraft (Zukunftsprognosen sind für uns von geringem Interesse; gleiches gilt für „Turnaround-Situationen").
>
> **3.** Unternehmen, die eine gute Kapitalrendite erzielen und dabei wenig oder kein Fremdkapital benutzen.
>
> **4.** Vorhandene Unternehmensleitung (wir können und wollen keine stellen).

[ANMERKUNG: Eine subtile Umschreibung für „effiziente vorhandene Unternehmensleitung".]

> **5.** Einfache Unternehmen (wenn viel Technologie im Spiel ist, ist es uns uns sicher zu hoch).
>
> **6.** Einen Angebotspreis (wir wollen weder unsere Zeit noch die des Verkäufers damit verschwenden, Gespräche über eine mögliche Transaktion zu führen – auch keine Gespräche vorbereitender Art –, wenn der Preis unbekannt ist).

[ANMERKUNG: Zum Glück für Kleinanleger präsentiert Mr. Market an jedem Werktag einen neuen Angebotspreis.]

* * *

In jedem Jahresbericht von Berkshire Hathaway veröffentlicht Buffett eine vergleichbare Liste von Merkmalen eines Unternehmens, wie es ihn interessieren würde. Gelegentlich wird die Liste aber auch ignoriert. Buffett sagt, es sei „wie wenn man eine Frau sucht. Man kann nach reiflicher Überlegung ein paar Eigenschaften zusammenstellen, die die Frau mitbringen sollte – und dann lernt man plötzlich jemanden kennen und sagt ja." [384]

KEINE ANGST WEGEN MATHE

Buffett behauptet, daß er, da er nie Differential- und Integralrechnung gelernt habe, gezwungen sei, denjenigen zuzustimmen, nach deren Meinung höhere mathematische Fähigkeiten für erfolgreiche Investitionen nicht erforderlich sind:

> *„Wenn man Infinitesimalrechnung bräuchte, müßte ich wieder Zeitungen austragen. Ich habe noch nie festgestellt, daß Algebra notwendig wäre. Im Grunde versucht man, den Wert eines Unternehmens zu bestimmen. Es ist richtig, daß man das Ergebnis durch die Anzahl der in Umlauf befindlichen Aktien teilen muß; dividieren muß man also können. Ich glaube aber nicht, daß jemand, der heute loszieht, um einen Bauernhof oder ein Mietshaus oder eine chemische Reinigung zu kaufen, jemanden engagieren muß, der für ihn Infinitesimalrechnungen übernimmt. Ob man das Richtige gekauft hat oder nicht, hängt davon ab, wieviel Gewinn das Unternehmen in der Zukunft zu machen imstande ist, und wie sich dieser Betrag zu dem verhält, den man für den Vermögenswert zahlen soll.“*[385] *„Lesen Sie Ben Graham und Phil Fischer, und lesen Sie Jahresberichte, aber rechnen Sie nie eine Gleichung mit griechischen Buchstaben aus.“*[386]

* * *

Wenn höhere Mathematik für die Auswahl von Aktien unerheblich ist, wieso wimmelt es dann in wissenschaftlichen Zeitschriften und Fachblättern vor quantitativen Analysen? Buffett antwortet darauf so:

> *„Das ist in jeder esoterischen Vereinigung so. Wie sollte auch jemand oben stehen können, wenn niemand unten wäre?“*[387]

* * *

Der Verzicht auf Mathematik war nicht von vornherein Teil von Buffetts Ansatz, sondern ergab sich, nachdem Buffett alles andere ausprobiert hatte:

> *„Vorher verwendete ich alle möglichen Charts – je mehr Zahlen, desto besser."*[388]

* * *

Als Teenager war Buffett fasziniert von technischen Daten. Dieses Interesse führte zur Veröffentlichung seines erstens Artikels. Buffett war 17 Jahre alt:

> *„Ich hatte in ‚Barron's' gelesen, daß man Beiträge einsenden sollte, in denen beschrieben wurde, wie man deren statistische Daten einsetzte. Einige würden dann veröffentlicht und mit fünf Dollar belohnt. Ich schrieb einen Artikel darüber, wie ich Odd-Lot-Zahlen verwendete. Diese fünf Dollar waren das einzige Geld, das ich je mit Statistik verdient habe."*[389]

SETZE AUF SPARSAMKEIT

> *„Wenn ich lese, daß irgendein Unternehmen ein Kostensenkungsprogramm einführen will, weiß ich sofort, daß man dort keine genaue Vorstellung davon besitzt, wie man mit Kosten eigentlich umzugehen hat. Auf diesem Gebiet helfen kurzfristige Anstrengungen nicht weiter. Ein wirklich guter Manager beschließt ebensowenig eines Morgens nach dem Aufwachen: ‚Heute werde ich endlich die Kosten senken', wie er beschließt zu atmen."*[390]

* * *

Berkshire Hathaway besitzt ungefähr sieben Prozent der Anteile an der Firma Wells Fargo, die ihren Sitz in San Francisco hat. Munger erfuhr, daß deren Vorstandsvorsitzender Carl Reichardt herausgefunden hatte, daß einer seiner Führungskräfte einen Weihnachtsbaum für das Büro kaufen wollte. Reichardt teilte ihm mit, er solle ihn aus eigener Tasche bezahlen.

„Als wir das hörten", sagt Munger, „kauften wir noch mehr Aktien."[391]

* * *

Für Buffett beginnt die Sparsamkeit zuhause. 1996 bemerkte er im Rahmen der Berkshire-Jahreshauptversammlung:

> *„Ihre Vorstandsmitglieder haben im vergangenen Jahr zusammen 50 Kilo abgenommen. Wahrscheinlich haben sie versucht, von ihren Gehältern zu leben."*[392]

Buffett schrieb die Einleitung zu Alan (Ace) Greenbergs Buch *Memos from the Chairman,* in dem eine fiktive Figur namens Haimchinkel Malintz Anaynikal die Angestellten von Bear Stearns ermahnt, kein Wasser zu verschwenden:

„Mit Haimchinkel fühle ich mich sehr verbunden – er ist ein intelligenter, rechthaberischer Geizkragen. Ich hätte ihn zu einem früheren Zeitpunkt meines Lebens kennenlernen sollen, als ich in meiner jugendlichen Torheit noch Büroklammern wegwarf. Aber es ist nie zu spät, und ich halte mich nun strengstens an Haimchinkels Prinzipien und verbreite sie weiter", schrieb Buffett.[393]

* * *

Das Bemühen um Qualität und die nötige Sparsamkeit schließen sich nicht aus, wie Buffett bemerkte, als er über die Programmgestaltung bei ABC sprach:

„Das Merkwürdige ist, daß bessere Sendungen nicht wesentlich mehr kosten als schlechte.“[394]

* * *

Auch billigere Sportübertragungen wären möglich:

„Ich schätze, die Qualität des Footballs wäre genau die gleiche, auch wenn wir 20 Prozent weniger für die Rechte daran zahlen würden. Nur würden eben die Footballspieler etwas weniger verdienen. Ty Cobb spielte für 20 000 Dollar pro Jahr. Wenn für Sportsendungen 20 Prozent weniger Geld zur Verfügung stünde, würde man dieses Geld letzten Endes zum Großteil bei den Sportlern einsparen.“[395]

* * *

Buffett ist auch, was seine privaten Finanzen angeht, sehr sparsam. Er und der Capital Cities/ABC-Vorsitzende Thomas Murphy hatten 1993 kleine Gastrollen in der ABC-Seifenoper *All My Children,* in der auch die mit Familienserien berühmt gewordene Susan Lucci zu sehen war. Buffett und Murphy bekamen je 300 Dollar Gage für ihren Auftritt.

Als er den Scheck überreicht bekam, sagte Murphy: „Den werde ich mir einrahmen.“ Buffett dagegen: „Und ich rahme mir den Kontrollabschnitt ein.“[396]

* * *

SETZE DIR REALISTISCHE ZIELE

Buffett hält eine jährliche Wachstumsrate von 15 Prozent für realistisch, wenn sie auch für ihn nicht immer leicht zu erreichen ist:

„Wenn wir 15 Prozent Gewinn wollen, müssen wir pro Jahr 400 Millionen Dollar brutto, das heißt, 300 Millionen netto, verdienen. Das bedeutet ungefähr eine Million am Tag – und ich gebe hier und heute gerade Geld aus."[397]

ANMERKUNG: Tatsächlich erreicht Buffett meistens sein Ziel; in manchen Jahren sogar das Doppelte des angestrebten Betrags.

STELLE DICH DEN TATSACHEN

Das Abschneiden der Aktien, die man besitzt, sollte man nicht persönlich nehmen, denn:

„Aktien wissen nicht, wem sie gehören."[398]

* * *

Buffett hat allen Grund, sich für unterhaltungs- und freizeitorientierte Unternehmen zu interessieren:

„Der Markt belohnt Unterhaltung besser als Bildung."

Ein praktisches Beispiel: Berkshires World Book-Enzyklopädie hat Schwierigkeiten damit, die gleichen astronomischen Gewinne zu erzielen wie die Disney Company.[399]

* * *

Wenn Buffett auf Jahreshauptversammlungen gefragt wird, warum er die teuren Aktien des Unternehmens nicht splittet, fangen die Anwesenden an zu tuscheln: „Jetzt kommt wieder die Pizzageschichte."

Buffett sagt, die Frage erinnere ihn an jemanden, der in der Pizzeria verlangt, man solle ihm die Pizza in vier statt in acht Teile schneiden, „da er unmöglich acht Stück essen könne."[400]

* * *

SEINE BOTSCHAFT BLEIBT UNGEHÖRT

Jedes Jahr warnt Buffett die Anleger im Jahresbericht und dann noch einmal auf der Berkshire-Hauptversammlung davor, zu Großes von Berkshire zu erwarten:

1985: „Ich kann mit Sicherheit sagen, daß wir nicht so gut abschneiden werden wie in der Vergangenheit", teilt Buffett den Anteilseignern bei der Jahreshauptversammlung mit. „Trotzdem glaube ich, daß wir möglicherweise besser dastehen werden als die amerikanische Industrie im Durchschnitt."[401]

Im Vorjahr betrug Berkshires Gewinn magere 13,6 Prozent – in den 20 Jahren zuvor hatte sich der jährliche Zuwachs im Schnitt auf 22 Prozent belaufen. 1986 verzeichnete Berkshire dann einen Gewinn von 48,2 Prozent!

1992: Charlie Munger stellt *Business Week* gegenüber fest: „Ab einem gewissen Punkt wirkt der Umfang eines Unternehmens wie ein Anker, der nach unten zieht. Darauf waren wir immer gefaßt."[402] Der Kurs der Berkshire-Aktie stieg 1992 um 20,3 Prozent.

1995: Während der Jahreshauptversammlung warnt Buffett: „Die zukünftigen Ergebnisse von Berkshire Hathaway werden nicht an die Ergebnisse der Vergangenheit heranreichen." Er erklärt: „Eine dicke Brieftasche ist der Feind erstklassigen Erfolgs." Und außerdem: „Wir müssen nicht immerzu mit der gleichen Geschwindigkeit reicher werden."[403]

1996: Die Berkshire-Aktien werden zu einem Kurs von bis zu 38 000 Dollar gehandelt. Zur Jahresmitte waren die Aktien auf 32 000 Dollar zurückgegangen.

SEI AUF VERÄNDERUNGEN GEFASST

„Alles, was nicht ewig dauern kann, hat ein Ende.“[404]

* * *

Buffett zufolge ergaben geringfügigere Investitionen zu der Zeit, als er zum professionellen Anleger wurde, noch Sinn. Buffett fand viele Aktien, die er kaufen konnte. Die wirtschaftlichen Maßstäbe haben sich in der Zwischenzeit geändert:

> *„In meiner Anfangszeit war ich überstimuliert. Heute bin ich unterstimuliert.“*[405]

* * *

Auf die Frage, was er von der in den USA gerade verbreiteten Tendenz zum „schlanken“ Unternehmen halte, antwortete Buffett, die amerikanische Industrie habe schon immer versucht, mit weniger mehr zu vollbringen. Veränderungen seien unvermeidlich, aber:

> *„Man hat es nicht leicht als Pferd, wenn der Traktor erfunden wird, oder als Hufschmied, wenn die Autos auf der Bildfläche erscheinen.“*

Man könne die Frage auch anders stellen, sagt Charlie Munger: „Nennen Sie mir ein Unternehmen, das zugrundegegangen wäre, weil es zu schlank war. Ich kenne keines. Nennen Sie mir ein

Unternehmen, das einging, weil es zu aufgebläht war. Da fallen mir Dutzende ein.“[406]

* * *

Buffett ist auch der Meinung, daß es manchmal klug ist, Probleme aus dem entgegengesetzten Blickwinkel zu betrachten:

> *„Es ist, als ob man einen Country-Song rückwärts singt. Dadurch bekommt man alles zurück: das Haus, das Auto, die Frau und so weiter ...“*[407]

* * *

Trotz allem ziehen Buffett und Munger Branchen vor, in denen Veränderungen begrenzt oder zumindest überschaubar bleiben: „Nehmen wir zum Beispiel Kaugummi“, sagt Buffett. „Die Leute kauen heute noch genauso wie vor 20 Jahren. Bis jetzt hat dafür niemand eine neue Technik erfunden.“[408]

FINDE DICH MIT VERÄNDERUNGEN AB

Buffett antwortet auf die Frage, warum er gewisse Prinzipien des Wertinvestments aufgegeben habe, so:

> *„Da wir mit größeren Beträgen arbeiten, ist es uns einfach nicht möglich, uns auf Situationen einzulassen, in denen es die verschiedensten Unterarten von Betriebskapital zu berücksichtigen gibt. Dafür muß man wissen, was in Zukunft stetig wachsende Geldströme erzeugt. Wenn man mit kleinen Beträgen umgeht, muß man sich nicht so viel Mühe machen. Wir bei Graham-Newman hatten früher ein Blatt Papier, auf das wir alle Zahlen eines Unternehmens schrieben, und alles, was im Hinblick auf gewisse*

Kriterien wie Buchwert, Betriebskapital und Gewinn in Frage kam, kauften wir. So einfach war das.“[409]

* * *

Buffett setzte sich nicht etwa mit einem Mal über das hinweg, was Graham und dessen Co-Autor David Dodd gelehrt hatten:

„Ich habe mich langsam weiterentwickelt. Ich bin nicht ganz ohne Komplikationen vom Menschen zum Affen oder vom Affen zum Menschen geworden.“[410]

* * *

DIE BERKSHIRE-AKTIE BEKOMMT NACHWUCHS

In den 90er Jahren profitierte der Kurs der Berkshire Hathaway-Aktie vom Höhenflug des Marktes und erreichte schließlich im März 1996 bei 38 000 Dollar seinen höchsten Stand (Mitte 1989 waren die Anteile noch für 8 550 Dollar gehandelt worden). Trotz des Anstiegs auf schwindelerregende Höhen weigerte sich Buffett standhaft, die Aktien aufzusplitten – eine Maßnahme, mit deren Hilfe neue Anleger leichter kaufen und alte leichter verkaufen hätten können. Er wolle verhindern, daß Berkshire den Spekulanten in die Hände falle, und die effektivste Abschreckung, die er sich denken könne, sei ein extrem hoher Aktienkurs. Buffett schrieb auf Geburtstagskarten die Worte: „Mögen Sie so lange leben, wie unsere Aktien nicht aufgesplittet werden.“

Buffett blieb seinem Wort treu, wurde aber wenige Wochen nach dem Kurshöchstpunkt 1996 von äußeren Umständen zu einer Maßnahme gezwungen, die nach seinem Empfinden einer Aufsplittung gleichkam. In diesem Frühjahr kündigte Buffett an, er werde B-Aktien beziehungsweise Berkshire-Vorzugsaktien emittieren. Die neuen Anteile wurden zu einem

Dreißigstel des Kurses der bestehenden (A-)Aktien emittiert. Die einzigen Merkmale, die die B-Aktien zweitrangig machen, sind das Fehlen der Stimmberechtigung und die Tatsache, daß die B-Aktionäre für Berkshires Spendenprogramm für wohltätige Zwecke nicht zur Wahl stehen. Das Stimmrecht ist ohne Belang, da Buffett und Munger ohnehin genug Anteile besitzen, um alle anderen Anteilseigner zu überstimmen. Und welcher vernünftige Mensch würde auch gegen Buffett und Munger stimmen?

Die A-Aktionäre haben den Vorteil, daß sie unabhängig vom Kurs der beiden Aktien jederzeit auf das Dreißigfache an B-Aktien umsteigen können. B-Aktionäre dagegen sind nicht berechtigt, ihre Anteile in A-Aktien umzuwandeln, selbst wenn sie 30 Stück besitzen.

Buffett rechnet damit, daß die Arbitragegeschäfte zwischen den beiden Gruppen von Aktionären ein stetiges Verhältnis von 30:1 zwischen dem Kurs der A-Aktie und dem der B-Aktie aufrechterhalten.

Der Grund dafür, daß Buffett seine Ansicht änderte, war die Tatsache, daß mehrere Investmentfirmen planten, einen offenen Investmentfonds einzurichten, dessen Pool ausschließlich aus Berkshire-Aktien bestehen sollte. Die Anleger sollten Berkshire-Aktien in kleinen Portionen für 1000 Dollar pro Fondsanteil erwerben und jährliche Gebühren sowie im voraus zahlbare Provisionen in Höhe von 5 Prozent entrichten. Die Anleger sollten die Fondsanteile bis zum Ablauf einer zehnjährigen Fälligkeitsfrist halten oder an der New Yorker Börse wie jedes andere Wertpapier handeln können. Diese Anteilschein-Investmentfonds sollten speziell auf Kleinanleger ausgerichtet sein, die darauf hofften, von den beachtlichen Gewinnen zu profitieren, die diejenigen erzielt hatten, die Berkshire Hathaway zuerst entdeckt hatten.

Nach Buffetts Meinung bleibt Spekulation auch dann Spekulation, wenn sie indirekt betrieben wird. „Wir wollen nicht, daß Leute angelockt werden, die denken, daß Berkshire eine heiße Aktie ist, die in einem Jahr stark an Wert gewinnt.“[411]

Oder genauer gesagt: „Es gibt Menschen, die glauben, daß sich so etwas (der phänomenale Anstieg des Kurses der Berkshire-Aktie) auf dieser Grundlage wiederholen kann, und das ist mathematisch unmöglich.“ Buffett weiter: „Wir wollen Menschen, die derartige Hoffnungen hegen, nicht unterschwellig ansprechen.“[412]

Kritikern zufolge wurde Buffetts Reaktion durch sein beherrschendes Wesen ausgelöst. Andere waren der Auffassung, er sei nur konsequent gewesen. Buffett hatte immer betont, er lege Wert auf engagierte Aktionäre. „Im Grunde will ich immer, daß wir die anspruchsvollsten Aktionäre anziehen, die wir finden können.“[413]

In einem Beschwerdebrief an Five Sigma Investment Partners, eine Firma mit Sitz in Bala Cynwyd, Pennsylvania, die zu denen gehörte, die einen solchen offenen Investmentfonds angeregt hatten, schrieb Charlie Munger: „Ihr Fonds würde viele Kleinanleger zu Investitionen verleiten, die für sie nicht geeignet sind und mit an Sicherheit grenzender Wahrscheinlichkeit dazu führen, daß viele Anleger enttäuscht werden und sich betrogen vorkommen.“

Munger fügte hinzu: „Der Kurs der Berkshire-Aktie ist derzeit ein Risiko, denn der Kursgewinn seit 1992 hat sich in einem weit schnelleren Tempo vollzogen als die Zunahme des inneren Wertes der Aktie ... Wenn ein Freund oder Familienmitglied Mr. Buffett fragen würde, ob er zum Kauf weiterer Berkshire-Aktien zum gegenwärtigen Kurs raten könne, würde er mit ‚Nein‘ antworten.“[414]

Munger sagte, er befürchte, aggressive Verkaufsstrategien könnten „noch mehr Öl ins Feuer gießen.“ Als es den Anschein hatte, als ob Five Sigma nicht einlenken würde, kam es zum offenen Konflikt. Buffett kündigte die Emission der B-Aktie an. „Berkshire beabsichtigt, direkte kostengünstige Investitionen in das Unternehmen Berkshire zu ermöglichen, die den von den Initiatoren des Anteilschein-Investmentfonds gebotenen Anlagemöglichkeiten so weit überlegen sind, daß deren Produkt sich als nicht handelbar erweist", stand im Prospekt für die Aktien.[415]

Um zu verhindern, daß Broker überzogene Werbung für die neue Aktie machten, beauftragte Berkshire Salomon mit der Erstemission. Die Provision wurde absichtlich niedrig angesetzt, um Brokern wenig Anlaß zu geben, Anleger zur Zeichnung zu locken. Darüber hinaus kündigte Buffett an, das Unternehmen werde so viele Aktien emittieren, wie gewünscht würden, wodurch er den durch begrenztes Angebot und starke Nachfrage verursachten Kursanstieg der ersten Woche minimierte.

Auf der ersten Seite des Prospekts wiederholte Buffett Mungers Botschaft an Five Sigma: „Die Unternehmensleitung ist nicht der Meinung, daß die Aktie unterbewertet ist."[416]

Auf der Jahreshauptversammlung 1996 stellte ein Aktionär die Frage, inwiefern Berkshires Aktien tatsächlich überbewertet seien. Buffett entgegnete, er habe nie gesagt, daß die Aktien überbewertet, sondern daß sie „nicht unterbewertet" seien. Buffett betonte, das sei nicht dasselbe, und war offensichtlich verärgert, daß Journalisten wie Investoren der feine Bedeutungsunterschied entgangen war.

Diese spitzfindige Unterscheidung war vielen in der Welt des Investments ein Rätsel. „Es besteht berechtigter Grund zu der Frage, warum er sich so verhält", sagte Derek Sasveld, Berater bei Ibbotson Associates Inc., einer Chicagoer Analyse- und Beratungsfirma. „Die Situation scheint nicht ganz logisch zu sein."[417]

William LeFevre, langjähriger Marktanalyst bei Ehrenkrantz King Nussbaum Inc. in New York, äußerte den Verdacht, Buffett habe in seinem Gebiet niemanden neben sich dulden können. „Warren Buffetts Glaubwürdigkeit könnte nicht größer sein, und er will nicht, daß irgend jemand sonst mit seinem guten Namen Geld verdient."[418]

Andere wiederum sahen jedoch die Struktur des Anlagemediums und nicht den inneren Wert der Aktie als die Ursache von Buffetts Problem an. Auf der Jahreshauptversammlung 1996 beschrieb Buffett die Anteilschein-Investmentfonds als „ein Produkt mit hoher Provision und beträchtlichen jährlichen Gebühren".

„Mr. Buffett hat immer die Rechte der Aktionäre vertreten und mag die Vorstellung nicht, daß es unwirtschaftlicher ist, über Anteile an den Investmentfonds bei Berkshire einzusteigen, als die Stammaktien direkt zu kaufen", sagte James Mulvey, Analyst bei Dresdner Securities USA Inc.

Mit den Baby-Bs, wie sie die Anleger nannten, war nun der gleiche Zweck erfüllt, wobei nur eine Maklerprovision anfiel.

Alan Abelson, Kolumnist für *Barron's,* kritisierte die Aussage „nicht unterbewertet" zusammen mit der im Prospekt geäußerten Warnung, der innere Wert des Unternehmens werde nicht im gleichen Tempo wie in der Vergangenheit wachsen, als bloßes Zugeständnis an die Aufsichtsbehörden. „Unsere Botschaft an Warren Buffett lautet: Die Wahrheit mag schmerzen, aber Zynismus ist tödlich. Denken Sie über Ihre Taten nach und bereuen Sie! Es ist noch nicht zu spät, den Prospekt zu korrigieren. Ein kleiner Zusatz ‚Alles nur Spaß!' auf der ersten Seite gleich unter den mahnenden Worten würde schon reichen."[419]

Wieder andere glaubten, Buffett habe das Problem der Überbewertung heruntergespielt. Der Börsenkolumnist Malcolm Berko erstellte für seine Leser eine kurze Studie des Unternehmens Berkshire und beschrieb es als geschlossenen Investmentfonds. Berko war der Auffassung, daß die Berkshire-Aktien (sowohl A- als auch B-Aktien) mit einem massiven Aufschlag auf ihren Inventarwert verkauft wurden. Er schätzte den Inventarwert einer Berkshire-A-Aktie auf 15 000 Dollar. „Deswegen muß jemand, der einen Aufschlag von 21 000 Dollar auf den Inventarwert zahlt, um BRK-A zu besitzen, meiner Meinung nach dümmer als Bohnenstroh sein", schrieb Berko.[420]

Diese Debatte über den Wert der Berkshire-Anteile ließ die Aktie nicht unbeeinflußt. Die A-Aktien fielen schnell von ihrem Hoch bei 38000 Dollar auf einen Stand um 33000 Dollar. Die B-Aktien wurden zu einem Kurs von 1110 Dollar emittiert. Kurz nach der Börseneröffnung gab es einen kleinen Kurssprung nach oben, doch die Aktien pendelten sich nach wenigen Wochen auf knapp über 1000 Dollar ein.

Die B-Aktie fand trotz Buffetts offener – wenn auch etwas verwirrender – Aussagen bezüglich des inneren Wertes von Berkshire Hathaway reißenden Absatz. Zuerst kündigte das Unternehmen die Emission von 100000 Anteilen an, aber diese Zahl wurde vier Mal nach oben revidiert. Letztlich wurden 517500 Aktien emittiert, womit der Kern der Berkshire-Aktionäre sich auf 80000 Anleger verdoppelte. Es ist nicht bekannt, was Buffett mit den Einnahmen in Höhe von ungefähr 600 Millionen Dollar tun wird oder wo die Jahreshauptversammlung 1997 stattfinden wird, nachdem die Anzahl der Aktionäre so stark angestiegen ist. Bei der letzten Versammlung vor dem Börsengang ließen die Aktionäre das Holiday Inn-Kongreßzentrum, die größten Räumlichkeiten in Omaha, aus allen Nähten platzen.

* * *

BEKENNE DEINE FEHLER

Buffett gibt zu, Dutzende von falschen Anlageentscheidungen getroffen zu haben, einschließlich des Kaufs von Berkshire Hathaway, einer neuenglischen Textilfabrik. Der schwächliche Textilbetrieb wurde letztlich geschlossen, die Firmenstruktur und der Name aber als Anlagemedium beibehalten. Irving Kahn, ein Investor, der Buffett seit seiner Studienzeit kennt, bemerkt: „Selbst jemand mit Warrens Begabung hat dann und wann einen Ausrutscher."[421]

* * *

Buffett hat auch eine humorige Entschuldigung für einen Fehltritt parat:

> *„Sicher werden sich einige von Ihnen fragen, warum wir jetzt Capital Cities zum Kurs von 172,50 Dollar pro Aktie kaufen – angesichts der Tatsache, daß der Autor in einem für ihn typischen Geniestreich Berkshires Anteile an besagter Firma 1978-1980 beim Stand von 43 Dollar pro Aktie verkaufte. Um Ihrer Frage zuvorzukommen, verbringe ich viel Zeit damit, mir eine treffende Antwort einfallen zu lassen, die diese beiden Transaktionen miteinander in Einklang bringen könnte. Ich bitte dafür um ein wenig Geduld."*[422]

* * *

> *„Die Erinnerung an den früheren Verkauf von Cap. Cities-Aktien habe ich verdrängt."*[423]

* * *

Buffett gibt gelegentlich auch schlechte Ratschläge: „Mein einziger Beitrag beim Verkauf der Mobiltelefonsparte der *Washington Post* bestand darin, vom ursprünglichen Kauf zu einem Fünftel des Preises, für den sie später verkauft wurde, abzuraten. Man hat mich nie wieder um Rat gefragt. Beim ersten Mal hörte die *Washington Post* nicht auf mich und beim zweiten Mal wurde ich nicht gefragt."[424]

* * *

Buffett stellt fest, seine ärgerlichsten Fehler bestünden nicht in Dingen, die er tue, sondern in Unterlassungen: „Die unsichtbaren

Fehler sind in unserem Fall weit schlimmer als die sichtbaren. 1966 besaßen wir fünf Prozent der Walt Disney Company. Die gesamte Disney Company wurde 1966 schuldenfrei mit 80 Millionen Dollar bewertet; vier Millionen Dollar verschafften uns fünf Prozent des Unternehmens. 1966 wurden allein für die Attraktion ‚Pirates (of the Caribbean)' 17 Millionen Dollar ausgegeben. Das Unternehmen wurde also für weniger als das Fünffache des Wertes einer Attraktion gehandelt – und sie hatten viele Attraktionen. Das nenne ich billig."[425]

ANMERKUNG: Buffett investierte 1966 unter Einberechnung der Aktiensplits zu einem Preis von 31 Cents pro Aktie in Walt Disney. Als Berkshire Hathaway 30 Jahre später im Verlauf der Fusion mit Cap Cities/ABC 20 Millionen Anteile an Disney erwarb, wurden die Aktien zu 65 Dollar gehandelt. Buffett hatte seine 31-Cent-Aktien für 48 Cents wieder verkauft.

Buffetts Kommentar: „Ach ja, es ist schön, wenn sich der Kreis so schließt."[426]

TRETE BEI DEN „ANONYMEN FLUGLINIENSÜCHTIGEN" EIN

1995 schrieb Buffett 75 Prozent seiner Investition von 385 Millionen Dollar in der Fluggesellschaft USAir, also 268,5 Millionen Dollar, ab. Die Dividende für die Aktie, die 9,25 Prozent betrug, war seit September 1994 nicht mehr ausbezahlt worden. Im Frühjahr 1996 suchte Buffett einen Käufer für die wandelbaren Vorzugsaktien: „Das war durchaus ein vorrangiges Wertpapier. Es war zwar ein Fehler, aber es handelte sich schließlich nicht um irgendeine Firma, die wir, unserer Einschätzung nach als wunderbares Investment ausgesucht hatten. Davon gibt es auf der Welt nicht allzu viele."[427]

* * *

Aus den Schwierigkeiten mit USAir lernte Buffett noch etwas:

> *„Ehrlich gesagt ist keine Fluggesellschaft ein wunderbares Investment."*[428]

* * *

Buffett erklärte in einer Rede, die er in North Carolina hielt, warum Fluggesellschaften anlegerfeindlich sind: „Das Interessante ist, daß, wenn wir den gesamten Zeitraum seit Kitty Hawk betrachten – und dafür befinden wir uns gerade im richtigen Bundesstaat –, das Luftfahrtwesen in den Vereinigten Staaten unter dem Strich keinen Gewinn gemacht hat. Stellen Sie sich vor, Sie wären damals in Kitty Hawk Zeuge gewesen, wie sich dieser Mann in die Lüfte erhob. Und plötzlich haben Sie die Vision, daß eines Tages Millionen Menschen auf der ganzen Welt dasselbe tun. Sie denken daran, wie klein die Welt dann wäre und so weiter. Und Sie würden denken, ‚mein Gott, das darf ich mir nicht entgehen lassen.' Trotz all der investierten Milliarden und Abermilliarden wäre der Nettogewinn für die Eigentümer der gesamten Luftverkehrsbranche, wenn sie alles besäßen und selbst das gesamte Geld investiert hätten, weniger als Null. Wenn ein Investor damals vor Ort gewesen wäre, hätte er Wilbur lieber abschießen sollen. Ein kleiner Schritt für die Menschheit, ein großer Rückschritt für den Kapitalismus."[429]

* * *

Buffett führt seine Investition in USAir auf vorübergehende geistige Umnachtung zurück. Wie schützt er sich vor zukünftigen Anfällen?

> *„Ich habe mittlerweile die gebührenfreie Nummer einer Beratungsstelle, und wenn ich jemals wieder den Drang verspüre, irgendwelche Luftfahrtwerte zu kaufen, rufe ich die Nummer an und sage, ich heiße Warren und bin süchtig nach Aktien von Fluggesell-*

schaften. Dann bringt mich der Mann am anderen Ende der Leitung von meinem Vorhaben ab.“[430]

* * *

Marshall Lewis von der Investmentfirma Blunt, Ellis & Loewi findet in Bezug auf die USAir-Abschreibung folgende tröstende Worte: „Buffett kann immer noch auf dem Wasser wandeln. Es spritzt nur etwas.“[431]

ANMERKUNG: Im Juli 1996 vermeldete USAir die besten Quartalsgewinne aller Zeiten. Die Fluggesellschaft kündigte neue Dividendenausschüttungen an Berkshire Hathaway und andere Inhaber von Vorzugsaktien an.

LERNE AUS DEINEN FEHLERN

Buffett traf nach eigener Aussage eine seiner schlechtesten Entscheidungen im Alter von 21 Jahren, als er 20 Prozent seines Eigenkapitals in eine Tankstelle investierte. Er schätzt, daß ihn der Fehler im Lauf der Jahre 800 Millionen Dollar in Form von nicht wahrnehmbaren Investmentgelegenheiten gekostet hat.[432]

Der erste Schritt zur Besserung ist, den Fehler abzustellen:

„Das ist ein altes Prinzip. Man braucht (das Geld) nicht auf dieselbe Weise wiedergewinnen, wie man es verloren hat.“[433]

* * *

Berkshire schüttet keine Dividenden an Anleger aus. So vermeiden diese eine Doppelbesteuerung und Berkshire legen ihre Gewinne ohne eigenes Zutun immer wieder an. Die einzige Ausnahme war eine Dividende von 10 Cents, die Buffett 1967 an seine Partner auszahlte. Dazu bemerkt er: „Da muß ich wohl gerade auf der Toilette gewesen sein.“[434]

ANMERKUNG: Buffett erklärt, wenn je der Moment kommen sollte, in dem er glaubt, daß die Aktionäre bessere Anlagemöglichkeiten finden können als Berkshire, werde er eine Dividende ausschütten.

* * *

Der Skandal um Staatsanleihen, in den Salomon verwickelt war, bedeutete für Buffett eine Lehre, auf die er gerne verzichtet hätte:

> *„Sie werden es nicht glauben, weil ich gar nicht so dumm aussehe, aber ich erklärte mich freiwillig bereit, für eine gewisse Zeit das Amt des Vorsitzenden zu übernehmen. Das ist etwas, was ich zwar nicht gerne tue, aber solange übernehme, bis die Arbeit ordnungsgemäß erledigt wird.“*[435]

* * *

Ein Heer von Anwälten, die Klagen gegen Salomon einreichten, erforderte Buffetts Aufmerksamkeit:

> *„Wahrscheinlich werde ich vom amerikanischen Juristenverband zum Mann des Jahres gewählt, schon bevor das Jahr zu Ende ist.“*[436]

* * *

Buffett vergleicht das Jahr, das er in New York damit verbrachte, Salomon Brothers wieder aufzurichten, mit einem Kriegseinsatz: „Man ist dabei, weil man muß, aber man freut sich nicht auf ein nächstes Mal.“[437]

* * *

Vor dem Zwischenfall mit Salomon wurde Buffett gefragt, warum er bissige Bemerkungen über die Bankbranche machte, obwohl Berkshire eine hohe Beteiligung an Salomon innehatte. Buffetts Antwort:

> *„Warum wir zu einem Zeitpunkt deutliche Kritik an den Emissionsbanken üben, zu dem wir mit 700 Millionen Dollar an Salomon beteiligt sind? Die Antwort lautet wohl: ‚Sünder müssen büßen!'."*[438]

KAUFE MÄRCHENHAFTE AKTIEN

Buffett beschreibt den inneren Wert und den Sicherheitsspielraum am liebsten auf eine Art und Weise, die verrät, daß er viel Zeit darauf verwendet hat, die Walt Disney Company zu studieren, die wohl die „märchenhaftesten" Rahmenbedingungen überhaupt bietet. Buffetts Lieblingsunternehmen sind wie ...

> *„... herrliche Burgen, die von tiefen, unüberwindbaren Gräben umgeben sind, und in denen ein aufrechter, ehrlicher Burgherr wohnt. Am Besten ist es, die Burg bezieht ihre Stärke von dem Genie, das in ihr wohnt; der Burggraben ist zuverlässig und eine wirksame Abschreckung für alle, die einen Angriff im Schilde führen; der Burgherr häuft Gold an, aber behält nicht alles für sich. Frei übersetzt: Wir bevorzugen große Unternehmen, die eine dominante Stellung innehaben und deren Markenprofil schwer zu kopieren und von außerordentlicher Konstanz oder relativer Zuverlässigkeit ist."*[439]

* * *

> *„Ein Unternehmen braucht einen Burggraben, um sich vor demjenigen zu schützen, der eines Tages kommen und das gleiche Produkt für einen Heller weniger anbieten wird."*[440]

(Mehr über Burggräben finden Sie unter „Lege Wert auf Markenidentität" und „Respektiere die Kraft der Preisgestaltung".)

* * *

1969 erstellte Buffett eine Realanalyse seiner bevorzugten Märchenaktie:

> *„Wenn ich eine Aktie kaufe, stelle ich mir immer vor, ich würde ein ganzes Unternehmen kaufen, so als ob ich einfach den kleinen Laden an der Ecke kaufen würde. Würde ich ihn kaufen, würde ich alles über ihn wissen wollen. Ich meine, denken Sie einmal daran, was Walt Disney in der ersten Hälfte des Jahres 1966 auf dem Aktienmarkt wert war. Die einzelne Aktie lag bei 53 Dollar. Das schien nicht einmal ausgesprochen billig, aber auf dieser Grundlage hätte man das ganze Unternehmen für 80 Millionen Dollar kaufen können, obwohl schon ‚Schneewittchen', ‚Familie Robinson' und noch einige andere Zeichentrickfilme, die nach den Büchern entstanden waren, für sich allein genommen so viel wert waren; und dann hätte man noch dazu Disneyland bekommen und als Partner Walt Disney, ein Genie."*[441]

* * *

Nachdem Cap Cities/ABC 1996 mit Disney fusionierte, hielt Berkshire wiederum viele Anteile an Disney:

> *„Den Film ‚Schneewittchen' zu besitzen, ist, als hätte man ein Ölfeld. Man fördert das Öl, verkauft es, und schon sickert wieder neues Öl nach."*

ANMERKUNG: Disney hat festgestellt, daß sich *Schneewittchen* alle sieben Jahre neu herausbringen läßt.

Und dann ist da noch Micky Maus:

„Das Schöne an Mickymaus ist, daß sie keinen Agenten hat. Die Maus gehört voll und ganz ihrem Besitzer."[442]

KONZENTRIERE DICH AUF ERSTKLASSIGE UNTERNEHMEN

„Man sollte in Unternehmen investieren, die selbst ein Vollidiot leiten könnte, denn eines Tages wird genau das passieren."[443]

* * *

„Bei jedem Unternehmen spielen eine Unmenge möglicher Faktoren eine Rolle, die in einer Woche, einem Monat, einem Jahr oder noch später aktuell werden können. Aber das eigentlich Wichtige ist, auf das richtige Unternehmen zu setzen. Das klassische Beispiel: Coca-Cola ging 1919 an die Börse. Am Anfang betrug der Kurs 40 Dollar pro Aktie. Im darauffolgenden Jahr fiel er auf 19 Dollar. Der Zuckerpreis hatte sich nach dem Ersten Weltkrieg drastisch verändert. Hätten Sie die Aktie also zum Zeitpunkt der Erstemission erworben, hätten Sie ein Jahr später die Hälfte Ihres Geldes verloren; würden Sie diese eine Aktie aber heute noch besitzen – und hätten Sie alle Dividenden wieder investiert –, hätten sie heute einen Wert von ungefähr 1,8 Millionen Dollar! Wir haben Wirtschaftskrisen erlebt. Wir haben Kriege erlebt. Der Zuckerpreis geht mal nach oben, mal nach unten. Es ist viel passiert. Ist es nicht wirklich viel sinnvoller, darüber nachzudenken, ob sich ein Produkt aller Voraussicht nach halten kann und wirtschaftlich bleibt, als sich ständig die Frage zu stellen, ob man eine Aktie schnell kaufen und dann schnell wieder verkaufen soll?"[444]

* * *

„Nehmen wir einmal an, Sie würden zehn Jahre lang verreisen und wollten eine Investition tätigen, und Sie wüßten alles, was Sie jetzt wissen und könnten in Ihrer Abwesenheit nichts verändern. Woran würden Sie denken?

Ich würde irgendwie versuchen, auf Nummer sicher zu gehen, etwas zu finden, von dem ich wüßte, daß sich der Markt auch weiterhin vergrößern würde, daß das führende Unternehmen auch weiterhin führend sein würde – ich meine weltweit – und die Absatzzahlen weiter beträchtlich wachsen würden – und da fällt mir einfach nichts Besseres ein als Coca-Cola."[445]

* * *

„Charlie Munger hat mir beigebracht, mich auf die Vorzüge großer Unternehmen zu konzentrieren, bei denen die Ertragskraft enorm wächst, aber nur, wenn man sich darauf verlassen kann – nicht wie bei Texas Instruments oder Polaroid, wo die Ertragskraft hypothetisch war."[446]

* * *

Buffett erklärt Philip Smith, dem Präsidenten von General Foods, warum er Aktien dieses Unternehmens kaufte, als sich kein anderer dafür interessierte:

„Ihre Markennamen sind gut, Ihre Aktie wird zum Dreifachen des Gewinns verkauft, während die anderer Lebensmittelunternehmen das Sechs- oder Siebenfache des Gewinns kosten, und Sie haben Bargeld im Überfluß. Wenn Sie nicht wissen, was Sie

damit anfangen sollen – irgendwann wird es jemand wissen.“[447]

* * *

„Ein Unternehmen ist definitionsgemäß dann erstklassig, wenn es 25 oder 30 Jahre lang erstklassig bleibt.“[448]

* * *

Einer der Gründe, erstklassige Unternehmen (mit starkem Wachstum) zu kaufen, ist folgender: Wenn der Kauf erst unter Dach und Fach ist, kann sich der Anleger entspannen und darauf vertrauen, daß die Manager des Unternehmens ihre Arbeit richtig machen. 1973 besaß Buffett bereits einen beträchtlichen Anteil an Berkshire, dazu eine Bank in Illinois, eine Wochenzeitung in Omaha, Anteile an einem halben Dutzend Versicherungsunternehmen, eine Rabattmarkenfirma, eine Ladenkette für Frauenmode und ein Süßwarenunternehmen. Und doch erzählte er einem Reporter ohne jede Großspurigkeit:

„Das alles kann ich fast erledigen, ohne die Hände aus den Hosentaschen zu nehmen. Ich habe es wirklich ziemlich leicht.“[449]

* * *

„Ich verlange von jedem, der in unserer Firma arbeitet, daß er für den Erfolg zweierlei tut: Erstens, daß er wie ein Unternehmer denkt, und zweitens, daß er uns schlechte Nachrichten sofort meldet. Um die guten Neuigkeiten braucht man sich keine Gedanken zu machen.“[450]

VERTRAUE AUF QUALITÄT

„Es ist weit besser, man besitzt einen Anteil am Hope-Diamanten als 100 Prozent eines Bergkristalls."[451]

* * *

Seit seiner Kindheit, in der er einen Wettzettel mit der Überschrift „Tips eines Stalljungen" veröffentlichte, zeigt Buffett Interesse an Pferderennen:

„Es gibt zwei Arten von Vorgaben: Schnelligkeit und Klasse. Diejenigen, die auf Schnelligkeit wetten, sagen, man soll versuchen, sich vorzustellen, wie schnell das Pferd laufen kann. Wer auf Klasse wettet, sagt, ein 10 000 Dollar-Pferd wird ein 6 000 Dollar-Pferd schlagen. Graham ist der Meinung, daß ‚alles geht, wenn man eine Aktie nur billig genug kauft'. So spricht, wer auf Geschwindigkeit setzt. Andere wiederum sagen: ‚Kauf das beste Unternehmen, und alles geht gut.' Solche Leute setzen auf Klasse."[452]

* * *

Buffett auf die Frage, was er von Junk-Bonds halte:

„Ich denke, sie werden ihrem Namen gerecht."[453]

LEGE WERT AUF MARKENIDENTITÄT

Buffett beschreibt Markenidentität als einen Burggraben, der den Sitz eines Unternehmens schützt:

„Jedes Jahr werden weltweit 20 bis 21 Milliarden Rasierklingen verwendet. Rund 30 Prozent davon

entfallen auf Gillette, das sind aber 60 Prozent in Bezug auf den Wert. In einigen Ländern – in Skandinavien und Mexiko – liegt der Marktanteil von Gillette sogar bei 90 Prozent. Wenn es also etwas schon so lange gibt wie die Rasur, und man auf ein Unternehmen stößt, das sowohl innovativ genug ist, seine Rasierklingen immer wieder zu verbessern, als auch die Vertriebsvoraussetzungen aufweist und bei den Verbrauchern hoch im Kurs steht ... Nun, hier haben wir etwas, das man jeden Tag macht – ich hoffe, Sie machen das jeden Tag –, für 20 Dollar (im Jahr) wird einem das Rasieren so richtig angenehm. Wenn die Dinge so liegen, steigt kein Mann auf etwas anderes um.“[454]

* * *

„Wenn man mit dem Gedanken ins Bett geht, daß zweieinhalb Milliarden Männern im Schlaf das Barthaar wächst, kann man sehr zufrieden sein. Bei Gillette kennt keiner schlaflose Nächte.“[455]

* * *

Wenn Ihnen die Bedeutung von Markenidentität durch das Beispiel Gillette noch nicht klargeworden ist, versuchen Sie es mal mit Schokoriegeln von Hershey:

„Wenn Sie in ein Geschäft gehen und hören: ‚Wir haben keine Hersheys, aber wir haben da diesen namenlosen Schokoriegel, den der Chef immer empfiehlt‘, und Sie gehen auf die andere Straßenseite, um sich dort Hersheys zu kaufen, und sind bereit, für einen Hershey-Riegel fünf Cents mehr zu zahlen als für einen namenlosen Schokoriegel oder so etwas, dann ist das Markenidentität.“[456]

* * *

Oder machen Sie einfach mit ihrem Partner die Probe aufs Exempel. Es gibt Momente, in denen der Preis keine Rolle spielt:

> *„... das weiß man doch. Niemand kommt am Valentinstag nach Hause und sagt: ‚Hier, Liebling, ich hab' dir ein Kilo Pralinen mitgebracht. Ich hab´ das Billigste genommen.' Das geht einfach nicht."*[457]

* * *

Coca-Cola hat die stärkste Markenidentität aller Unternehmen weltweit:

> *„Wenn man in seinem Leben eine vernünftige Geschäftsidee hat, hat man Glück, und im Grunde genommen ist Coca-Cola das beste Großunternehmen weltweit. Kein anderes Unternehmen hat eine derartige Markenidentität. Coca-Cola ist billig und auf der ganzen Welt beliebt – der Pro-Kopf-Verbrauch steigt fast jedes Jahr in fast jedem Land. Es gibt kein vergleichbares Produkt."*[458]

* * *

> *„Würden Sie mir 100 Milliarden Dollar geben und sagen: ‚Nehmen Sie Coca-Cola die weltweite Führungsrolle unter den Softdrinkunternehmen ab', würde ich Ihnen das Geld mit der Begründung zurückgeben, daß das nicht geht."*[459]

* * *

Markenidentität schützt wie ein schwer überwindlicher Burggraben:

„Eine Übernahme von Coca-Cola wäre ein zweites Pearl Harbour."[460]

* * *

Zumindest in zwei Fällen hat sich Buffett für Unternehmen interessiert, die sich in erheblichen finanziellen Schwierigkeiten befanden – eine Lage, die ihre Markenidentität allerdings nicht beeinträchtigte:

„Es war wie Ende 1963, als American Express mit dem Salatöl-Skandal zu kämpfen hatte. Dem Franchisegeschäft mit Travellerschecks oder Kreditkarten schadete das alles überhaupt nicht. Es hätte zwar die Bilanz von American Express ruinieren können, aber ohne Frage war American Express natürlich auch ohne Nettovermögen unglaublich viel wert.

Und auch GEICO war ohne Nettovermögen unglaublich viel wert, außer, man hätte es am nächsten Tag dichtgemacht, weil es kein Nettovermögen hatte. Aber ich war davon überzeugt, daß das Nettovermögen da sein würde. Tatsächlich hätten nämlich viele Versicherungsunternehmen das Nettovermögen gerne zur Verfügung gestellt, nur um in den Besitz der Firma zu kommen. Auch wir hätten das getan."[461]

ANMERKUNG: 1976 geriet GEICO nach einer Phase schnellen Wachstums in Schwierigkeiten. Das Unternehmen war mit seiner schnellen Expansion überfordert. Nachdem sich Buffett eingekauft hatte, erholte sich das Unternehmen wieder.

* * *

An manchen Markenunternehmen hat Buffett das Interesse verloren. Er zählte einst zu den größten Aktionären von RJR Nabisco (den Eigentümern von Reynolds Tobacco), verkaufte aber zu Beginn der achtziger Jahre seine Anteile. Auch wenn er angeblich keinen Einspruch erhob, als Salomon Inc. 1988 in RJR Nabisco investierte, lehnte er es ab, selbst mit einzusteigen. Er soll gesagt haben:

> *„Ich werde Ihnen sagen, warum ich die Zigarettenindustrie mag. Man stellt das Zeug für einen Cent her und verkauft es für einen Dollar. Zigaretten machen abhängig. Und die Leute bleiben ihren Marken auf unglaubliche Weise treu."*[462]

ANMERKUNG: Buffett erklärte später, er habe die Worte eines anderen zitiert und die Bemerkung ironisch gemeint.

RESPEKTIERE DIE KRAFT DER PREISGESTALTUNG

Ein gutes Unternehmen genießt laut Buffett Preisflexibilität. Durchsetzbare Preispolitik und Markenidentität gehen Hand in Hand:

> *„Wenn man See´s Candy sein eigen nennt, in den Spiegel schaut und fragt: ‚Spieglein, Spieglein an der Wand, wieviel verlang´ ich diesmal für die Süßigkeiten im Land?', und die Antwort lautet: ‚Mehr', dann weiß man, daß man ein gutes Unternehmen hat."*[463]

* * *

Schon 1986 sah Buffett die Probleme voraus, die die Fernsehbranche aufgrund der nicht ausreichend freien Preisgestaltung bald bekommen würde:

> *„Im Grunde genommen hatte das Fernsehen vor vielen Jahren ein großes Preisgestaltungspotential, das nun aufgebraucht ist. Man ist wahrscheinlich*

etwas zu weit gegangen. Die Möglichkeiten zur Preisgestaltung sind heute nicht mehr die gleichen. Ich sehe bei den Sendeanstalten keine über die Inflationsrate hinaus steigenden Gewinne; das Fernsehen hat diese jahrelang gehabt und einen Arbeitsstil entwickelt, der auf ihnen basierte. Zur Zeit sehen wir diesbezüglich eine Anpassung.“[464]

FINDE EIN UNTERNEHMEN MIT GÜNSTIGEM UMLAUFKAPITAL (UND VERLIERE ES DANN NICHT AUS DEN AUGEN)

Buffett lernte bereits früh, daß die Gewinne eines Versicherungsunternehmens von der erfolgreichen Anlage der Versicherungsprämien abhängen, die sich ansammeln, ehe der Versicherungsfall eintritt. Dieses Umlaufkapital beträgt bei allen Versicherungsunternehmen, die zu Berkshire Hathaway gehören, ungefähr 6,5 Milliarden Dollar, und allein GEICO, mittlerweile vollständig im Besitz von Berkshire, trägt dazu 3 Milliarden Dollar bei. Berkshire Hathaway ist zwar nicht Eigentümer dieses Betrages, kann aber damit arbeiten.

„Einige Wertpapieranalysten begingen den schweren Fehler, den Wert des Versicherungskonzerns nur mit dem Buchwert zu veranschlagen, ohne den Wert des Umlaufkapitals zu berücksichtigen“, erklärte Buffett.[465]

* * *

Auch in anderen Branchen gibt es solches Umlaufkapital. Buffett erinnert sich: „Blue Chip Stamp war einst so ein Unternehmen, bis es eines Tages verschwand. Wo ist es geblieben? Im Abfluß? Ich weiß es nicht.“

ANMERKUNG: Rabattmarken wurden in den fünfziger und sechziger Jahren von Lebensmittelgeschäften als Kaufanreiz verwendet und waren äußerst beliebt, wurden jedoch durch Gutscheine und ähnliche Vergünstigungen verdrängt. Ehe Blue Chip allerdings von der Bildfläche verschwand, hatte Buffett mit der Anlage des Umlaufkapitals einen erheblichen Gewinn erzielt.[466]

LERNE MONOPOLE LIEBEN

Freddie Mac (die Federal Home Loan Mortgage Corporation), eine Quasi-Köperschaft des öffentlichen Rechts, bietet einen Sekundärmarkt für Hypotheken auf Eigenheime. Freddie Mac und das Schwesterunternehmen Fannie Mae (Federal National Mortgage Association) kontrollieren 90 Prozent der Branche, die somit aus einem Duopol besteht:

„Nach einem Monopol ist ein Duopol das Beste." [467]

* * *

„Die Zeitungsbranche ist einfach wunderbar – eine der wenigen Branchen, die zu einem natürlichen, begrenzten Monopol neigen. Natürlich stehen Zeitungen auch mit anderen Werbeträgern in Konkurrenz, aber eben mit keinem Medium, das wirklich genau gleich ist. Zeigen Sie mir ein andere Branche, in der das so ist – es gibt keine."

ANMERKUNG: Buffett sagte dies 1986. Mittlerweile hat Buffett die Zeitungsbranche aufgrund eines fundamentalen demographischen Wandels, erheblicher Veränderungen im Einzelhandel und einer Vermehrung konkurrierender Werbemedien in eine andere Kategorie herabgestuft: „Gut, aber nicht hervorragend."

* * *

Während eines Auflagekriegs zwischen der *Buffalo Evening News* und dem Konkurrenten *Courier-Express* verklagte letzteres Unternehmen Buffetts Zeitung wegen Preisabsprache. Das Gerücht, Buffett habe gesagt, eine Zeitung mit Monopolstellung sei, als besäße man eine unkontrollierte Mautbrücke, war dabei ein wunder Punkt. Als seine Bemerkung vor Gericht zur Sprache kam, erwiderte Buffett:

> *„Ich habe gesagt, daß es fantastisch wäre, in einer inflationären Welt eine von Regulierungen freie Mautbrücke zu besitzen."*

Der Anwalt der Gegenpartei fragte nach dem Grund.

> *„Weil man die Kapitalkosten bereits investiert hat. Man hat den Brückenbau mit alten Dollars bezahlt und muß nicht ständig wieder nachlegen."*[468]

* * *

FINDE MANAGER, DIE WIE EIGENTÜMER DENKEN

> *„Ich stelle mir immer vor, das ganze Unternehmen würde mir gehören. Und ein Management nach meinem Geschmack folgt derselben Taktik, der ich folgen würde, wenn mir alles gehören würde."*[469]

* * *

> *„Wirklich guten Managern macht es Spaß, den Firmenbetrieb zu leiten – mehr Spaß als Gespräche am runden Tisch oder Golfen beim Augusta National."*[470]

* * *

Buffett betont oft, daß er in der Süßwarenbranche, in der Uniform- und Schuhbranche oder im Verlegen von Enzyklopädien (in allen diesen Bereichen ist Berkshire unternehmerisch tätig) kein

Experte ist und genau deswegen gerne Experten als Manager hat. Über H.H. Brown, Schuhproduzent und Großeinkäufer von Leder, sagt Buffett:

> *„Wenn irgendwo ein Ochse umfällt – die wissen es."*[471]

MANAGEMENT IST WICHTIG, ABER EIN GUTES UNTERNEHMEN IST WICHTIGER

> *„Wir kommen zu folgender Schlußfolgerung: Wenn Manager mit einem hervorragenden Ruf auf ein Unternehmen treffen, das im Ruf steht, eine schwache wirtschaftliche Grundlage zu haben, bleibt – mit wenigen Ausnahmen – nur der Ruf des Unternehmens erhalten."*[472]

* * *

> *„Ich mag Unternehmen, die auch ohne großes Management viel Geld abwerfen. Das sind Unternehmen ganz nach meinem Geschmack."*[473]

IGNORIERE DEN INSTITUTIONELLEN IMPERATIV (DIE TENDENZ VON UNTERNEHMEN, SICH WIE LEMMINGE ZU VERHALTEN)

> *„Jede Anwandlung eines Firmenleiters, egal wie irrational, wird umgehend durch Studien bestätigt, die von seinen Gefolgsleuten erstellt werden."*[474]

* * *

> *„Wenn Sie nur durchschnittlich fähig sind und ein paar gute Freunde von Ihnen im Aufsichtsrat sitzen, dann hat es mit Sicherheit nicht die gleiche Bewäh-*

rungsprobe gegeben, die eine Fußballmannschaft bestehen muß. Wenn ein Fußballtrainer elf völlig unfähige Spieler aufstellt, verliert er seinen Job. Wer im Aufsichtsrat sitzt, verliert nie seinen Job, nur weil er einen mittelmäßigen Vorsitzenden hat. Es fehlt also die selbstregulierende Instanz, die bei allen anderen Berufen funktioniert."[475]

BEVORZUGE UNTERNEHMEN, DIE EIGENE AKTIEN ZURÜCKKAUFEN

Wenn die Aktien eines Unternehmens unter ihrem eigentlichen Wert gehandelt werden, besteht laut Buffett eine der besten Anlagestrategien für das Unternehmen darin, die eigenen Aktien zurückzukaufen. Bedeutet das, daß er auch Aktien von Berkshire erwerben wird, wenn der Kurs unter den inneren Wert sinkt?

„Das wäre sinnvoll, und ich würde das auch machen – aber nur, wenn Berkshire zu diesem Zeitpunkt günstiger ist als andere Aktien, die mich interessieren."[476]

MACHE DIR KEINE GEDANKEN ÜBER DIVERSIFIKATION

„Diversifikation ist ein Schutz gegen Ignoranz. Sie macht wenig Sinn für diejenigen, die wissen, was sie tun."[477]

* * *

„Es gibt viele, die mit nur einem einzigen Unternehmen sehr, sehr reich geworden sind. Wenn man ein Geschäft gut versteht, muß man nicht viele Unternehmen besitzen."[478]

* * *

Buffett erklärt die Problematik übertriebener Diversifikation anhand eines Ausspruchs von Billy Rose, einem Broadway-Intendanten:

> *„Wenn man einen Harem mit 40 Frauen hat, lernt man keine von ihnen je gut kennen.“*[479]

INVESTIERE LANGFRISTIG

Buffett verabscheut kurzfristige Anlagen so sehr, daß er einmal vorgeschlagen hat, Gewinne aus Aktien, die kürzer als ein Jahr gehalten werden, mit 100 Prozent zu besteuern.

* * *

> *„Charlie und ich gehen davon aus, daß wir unsere Aktien sehr lange halten. Vielleicht werden Sie uns sogar dann noch hier oben sehen, wenn wir so alt sind, daß keiner den anderen mehr erkennt.“*[481]

* * *

> *„Wir kaufen gerne Unternehmen, aber verkaufen nicht gerne. Wir erwarten, daß unsere Beziehungen ein Leben lang halten.“*[482]

* * *

> *„Die meisten unserer großen Aktienpositionen werden wir viele Jahre lang halten; das Ergebnis unserer Investmentstrategie wird von den Unternehmensergebnissen in diesem Zeitraum abhängen, und nicht von irgendwelchen Kursen an einem bestimmten Tag. Wenn man ein ganzes Unternehmen kauft, wäre es dumm, sich übertrieben auf die kurzfristige*

Perspektive zu konzentrieren, und wir halten es für genauso unvernünftig, sich von den voraussichtlichen kurzfristigen Erträgen blenden zu lassen, wenn man kleine Teile eines Unternehmens, also börsengehandelte Stammaktien kauft."[483]

* * *

Doch Buffett investiert nicht nur selbst langfristig, er hofft auch, daß die Aktionäre von Berkshire Hathaway ihre Anteile so lange wie möglich halten:

„*Wenn ich einen Club hätte oder in einer Kirche Prediger wäre, würde ich meinen Erfolg nicht daran messen, wie viele verschiedene Leute in die Kirche gingen oder wie viele Mitglieder der Club hätte. Ich würde den Gedanken höchst attraktiv finden, daß keiner seinen Platz aufgeben wollen würde und damit kein Platz mehr für andere wäre.*"[484]

* * *

Eine Firmenübernahme kann man so sehen:

„*Eine Zeitlang ist es fast ein bißchen romantisch. Man lernt ein Unternehmen kennen und erlebt dann sozusagen sein erstes Rendezvous. Und schließlich kommt irgendwann der große Augenblick. Wollen Sie dann am nächsten Tag wirklich darüber nachdenken, gleich wieder zu verkaufen, wenn Ihnen jemand das Zweifache für dieses oder das Dreifache für jenes bietet?*"[485]

* * *

Buffett bezeichnet sich als einen „erzkonservativen" Investor:

„Wenn ich eine Aktie einmal habe, gebe ich sie am liebsten nie wieder her.“[486]

ZUSAMMENFASSUNG

„Das Aktiengeschäft ist einfach. Alles, was man tun muß, ist, Anteile an einem phantastischen Unternehmen mit äußerst fähigen und integren Managern zu kaufen, und zwar für weniger Geld, als das Unternehmen eigentlich wert ist. Dann bleibt man für immer Besitzer dieser Anteile.“[487]

* * *

Sie können es aber, so Buffett, auch wie Will Rogers machen. Rogers riet einmal, vor dem Kauf einer Aktie sorgfältig die Märkte zu studieren. Und dann:

„Wenn die Aktie ihren Wert verdoppelt, muß man verkaufen.“

Was aber, wenn die Aktie ihren Wert nicht verdoppelt?

„Wenn sie ihren Wert nicht verdoppelt, kaufen Sie sie nicht.“[488]

WENN DU AUF DEN SPUREN WARREN BUFFETTS REICH GEWORDEN BIST, KÜMMERE DICH UM DEINE MITMENSCHEN

Eine der Eigenschaften, die sowohl Buffett als auch seine Freunde und Kollegen so einzigartig macht, ist ihr Verantwortungsgefühl gegenüber den Mitmenschen, mit denen sie diesen Planeten teilen.

KAPITALANLAGE IST EINE MÖGLICHKEIT, ZUM ÖFFENTLICHEN WOHL BEIZUTRAGEN

„Um das wirtschaftliche Wohl entscheidend zu fördern, benötigt man einen enormen Zuwachs an Realkapital, das in moderne Produktionsanlagen fließt. Eine hohe Kapazität an Arbeitskräften, großer Konsumbedarf und große Versprechen der Regierungen führen ohne die ständige Weiterentwicklung und den Einsatz von teuren, neuen Kapitalanlagegütern in der gesamten Wirtschaft zu nichts anderem als großer Frustration. Sowohl die Russen als auch die Rockefellers haben diese Gleichung begriffen. Sie wurde in Westdeutschland und Japan mit überwältigendem Erfolg angewandt. Hohe Kapitalbildungsraten haben es diesen Ländern ermöglicht, den Lebensstandard mit einer Geschwindigkeit zu verbessern, die unserer weit überlegen ist, obwohl wir diesen Ländern, was Energie anging, weit überlegen waren.“[489]

* * *

Selbst wenn einige Anleger davon profitieren, sind kreditfinanzierte Firmenübernahmen nicht immer zum Wohl der Gesellschaft. So zahlt zum Beispiel das Unternehmen, wenn Eigenkapital durch Schulden ersetzt wird, weniger Steuern, von denen wiederum Sozialprogramme finanziell abhängen.

„Wenn man etwas über Boone Pickens, Jimmy Goldsmith und all die anderen liest, heißt es immer, man schaffe Werte für die Aktionäre. Aber es werden keine Werte geschaffen. Sie werden nur von der Gesellschaft, in der wir leben, auf die Aktionäre übertragen. Das kann man gut oder schlecht finden, aber mit der Schaffung von Werten hat es nichts zu tun – es hat nichts damit zu tun, wie Henry Ford das Auto

entwickelte oder wie Ray Kroc herausfand, wie man Hamburger besser an den Mann bringt als alle anderen ... In den letzten paar Jahren sind viele Unternehmen von Leuten umgewandelt worden, die dieses Spielchen verstanden haben. Das bedeutet, daß jeder Bürger ein bißchen mehr Geld dafür schuldet, um all die Güter und Dienstleistungen, die von der Regierung zur Verfügung gestellt werden, zu bezahlen.“[490]

WENN LEISTUNG UNGLEICH BELOHNT WIRD

Buffett stellt fest, daß andere, die im gleichen Maß zur Sicherheit und Gesundheit, zum Glück und Wohlergehen der Gesellschaft beitragen, weniger als er verdienen:

„Unsere Gesellschaft belohnt mich für meinen Beitrag außerordentlich großzügig.“[491]

* * *

„Ich persönlich denke, daß ich einen großen Teil dessen, was ich mir erarbeitet habe, unserer Gesellschaft verdanke. Wenn Sie mich mitten in Bangladesch, Peru oder ähnlichen Ländern aussetzen würden, würden Sie merken, was mein Talent am falschen Platz wert wäre. Ich würde mich nach 30 Jahren immer noch abmühen. Ich arbeite in einer Marktwirtschaft, die mich zufälligerweise für das, was ich mache, großzügig – ja unverhältnismäßig großzügig – belohnt. Dasselbe bei Mike Tyson. Wenn man in zehn Sekunden jemanden k.o. schlagen und damit 10 Millionen Dollar verdienen kann, ist dieses System bereit, dafür eine Menge zu zahlen. Wenn man im Baseball einen Schnitt von 36 Prozent schlagen

kann, ist dieses System bereit, dafür eine Menge zu zahlen. Für einen hervorragenden Lehrer es nicht bereit, eine Menge zu zahlen. Für eine außergewöhnlich fähige Krankenschwester ist es nicht bereit, eine Menge zu zahlen. Soll ich also versuchen, mir ein System auszudenken, das die Verhältnismäßigkeit wahrt und irgendwie für eine Umverteilung sorgt? Nein, das halte ich für unmöglich. Aber ich glaube, wenn man von diesem Marktsystem so reich belohnt wird, wobei es die Möglichkeit bietet, von einer Person Güter und Dienstleistungen zu kaufen, nur weil sie ein bestimmtes Talent hat – vielleicht, weil ihre Polypen auf eine bestimmte Art geformt sind und sie deswegen singen kann, und jeder bereit ist, ihr Unsummen zu zahlen, damit sie im Fernsehen oder sonst irgendwo auftritt –, dann schuldet man der Gesellschaft einen großen Anteil.“[492]

* * *

„Ich fühle mich wegen des Geldes nicht schuldig. Ich sehe das so: Mein Geld ist wie eine Unmenge von Gutscheinen, die mir die Gesellschaft ausgestellt hat. Es ist, als hätte ich kleine Stücke Papier, die ich zum Verbrauch einlösen kann. Wenn ich wollte, könnte ich 10 000 Leute einstellen, die nichts anderes täten, als für den Rest meines Lebens jeden Tag ein Porträt von mir zu malen. Und das Bruttosozialprodukt würde steigen. Aber der Nutzen dieses Produkts wäre gleich Null und ich würde diese 10 000 Menschen davon abhalten, in der AIDS-Forschung tätig zu sein, zu unterrichten oder als Krankenschwester zu arbeiten. Aber das mache ich nicht. Ich löse nicht sehr viele dieser Gutscheine ein. Es gibt nichts Materielles, das ich wirklich unbedingt haben will. Und wenn meine Frau und ich einmal

sterben, schenke ich praktisch alle Gutscheine wohltätigen Zwecken.“[493]

* * *

In einer Lobesrede auf den Immobilienhändler Peter Kiewit (den Buffett bewunderte, weil er seine Gutscheine aufhob und einen großen Teil seines 200 Millionen Dollar umfassenden Vermögens Wohltätigkeitsorganisationen spendete) gab Buffett ein weiteres Beispiel dafür, wie „Gutscheine“ funktionieren:

> *„Im Grunde genommen sammelt jemand, der mehr verdient, als er ausgibt, ‚Gutscheine‘, die er später verwenden kann. Zu einem späteren Zeitpunkt kann er das Verfahren umkehren und mehr verbrauchen, als er verdient, indem er einige Gutscheine einlöst, die sich angesammelt haben. Oder er kann sie an andere weitergeben – entweder zu Lebzeiten in Form von Geschenken oder bei seinem Tod in Form einer Erbschaft.*
>
> *William Randolph Hearst zum Beispiel hat infolge des Baus von San Simeon und der laufenden Kosten viele seiner Gutscheine verbraucht. Genau wie die Pharaonen, als sie die Pyramiden erbauten, entzog Hearst, um seine persönlichen Konsumwünsche zu befriedigen, der Gesellschaft eine unglaubliche Menge an Arbeitskräften und Material, die damit für andere Zwecke nicht zur Verfügung stand.*
>
> *Eine Armee aus Bediensteten, die seine wechselnden persönlichen Bedürfnisse befriedigte – wie der Angestellte aus San Luis Obispo, der einen Großteil seines Lebens damit verbrachte, jeden Tag für die Bären aus dem Privatzoo Eis zu schleppen –, war nicht in der Lage, andere Güter oder Dienstleistungen anzubieten, die der ganzen Gesellschaft genutzt hätten.“*[494]

* * *

Buffetts Freund Bill Gates kündigt an, er werde Microsoft voraussichtlich bis ungefähr 2007 leiten, und verspricht, sich dann darauf zu konzentrieren, sein Vermögen zu verteilen. Buffett erwartet, daß Gates der Gesellschaft einige Gutscheine zurückgibt:

> *„Irgendwann wird er sich einmal die Zeit nehmen und überlegen, was seine Nächstenliebe bewirken kann. Er ist viel zu einfallsreich, um sich mit gewöhnlichen Spenden zu begnügen."*[495]

SAG DANKE

Obwohl die Buffetts bei ihrem Tod die größte wohltätige Stiftung der Welt hinterlassen werden, beklagen Kritiker, daß Buffett zu Lebzeiten nicht genügend für gute Zwecke spendet. Buffett machte der Allgemeinheit eine Freude, als er 1991 1,25 Millionen Dollar in die Omaha Royals investierte, um die Baseballmannschaft, die in der AAA-Liga spielt, davon abzuhalten, die Stadt zu verlassen. (Einige halten dies für eine Investition, aber Joan Kroc, die frühere Eigentümerin der San Diego Padres, ist der Meinung, daß ein Baseballverein für die meisten Besitzer eher ein Hobby ist.) Buffett stiftete in Omaha auch den Alice Buffett-Preis für hervorragende Lehrer. Der Preis ist nach seiner Tante Alice benannt, die in Omaha Lehrerin war. Obwohl hohe Preisgelder für Lehrer unter Umständen Motivation für einen besseren Unterricht sein können, sieht Buffett die Gelder aber „eher als Dankeschön denn als Ansporn." Die Lehrer erhalten das Geld ohne Auflagen und können es nach eigenem Gutdünken verwenden.

Buffett fügt noch hinzu:

> *„Lehrer an staatlichen Schulen sind wahrscheinlich die am stärksten unterbewertete und unterbezahlte Berufsgruppe im öffentlichen Dienst."*[496]

* * *

„Das staatliche Schulsystem ist die wichtigste Einrichtung in unserer Demokratie. Aber so wichtig es ist, so anfällig ist es auch. Wenn wir so ein hervorragendes System haben wie in Omaha, sollten wir alles Mögliche unternehmen, um es zu bewahren.“[497]

ANMERKUNG: Ein Grund, warum die Buffetts wegen mangelnder Spendenfreudigkeit kritisiert werden, ist die Tatsache, daß ihre Spenden zielgerichtet sind und den Empfänger ohne großes Aufsehen erreichen. Dazu Susan Buffett, Vorstand der Buffett Foundation: „Unsere Stiftung konzentriert sich auf die Probleme der Bevölkerung, und meine anderen, eigenen Spenden sind sehr persönlich.“

ZAHLE DEINE STEUERN OHNE ZU JAMMERN

Buffett kommentierte die Tatsache, daß Berkshire 1993 390 Millionen Dollar Bundessteuern zahlte, so:

„Charlie und ich haben mit unseren Steuerbescheiden wirklich kein Problem. Wir arbeiten in einer Marktwirtschaft, die unsere Arbeit viel großzügiger belohnt als die anderer, deren Leistung für die Gesellschaft von ebenso großem oder noch größerem Nutzen ist. Die Besteuerung sollte diese Ungleichheit zumindest teilweise ausgleichen, und das tut sie auch. Aber wir kommen dabei wirklich noch hervorragend weg.“ [499]

* * *

Buffett schreibt, daß eine – für jeden, auch für institutionelle Anleger, gültige – hundertprozentige Besteuerung von Gewinnen aus dem Verkauf von Wertpapieren, die weniger als ein Jahr lang gehalten werden, zu einer erhöhten Wettbewerbsfähigkeit der USA führen würde. Wären Anleger gezwungen, ihre Anteile länger zu halten, würde das die Wirtschaft stabilisieren:

> *„Wir unterhalten uns oft darüber, wie wir in einer Weltwirtschaft mit ausländischen Entscheidungsträgern konkurrieren sollen, die mit einem wirtschaftlichen Horizont von Jahrzehnten operieren. Warum sollten wir nicht versuchen, unseren eigenen Horizont auf wenigstens ein Jahr zu erweitern?"*[500]

Wie so oft ähnelt Mungers Standpunkt dem Buffetts – abgesehen davon, daß er seine Sympathie für die Republikaner widerspiegelt. Munger erklärt: „Soziale Interventionen (Steuern, Gesetze etc.), die einige Ungerechtigkeiten des Kapitalismus' ausgleichen, befürworte ich bis zu einem gewissen Grad, aber ich verabscheue jedes System, das es möglich macht, daß Schwindler auch noch belohnt werden."

Munger hält beispielsweise wenig von Entschädigungen für Arbeiter, die im Zusammenhang mit ihrem Beruf eine Verletzung oder Behinderung davongetragen haben, da es schwierig sei, vorgetäuschte Ansprüche zu entlarven.[501]

ZU GUTER LETZT

Verleger, Buchhändler, Anleger, Fans und Nachahmer warten schon lange auf Buffetts eigenes Buch. Buffett diskutiert nach eigenen Angaben das Projekt schon seit 1973 mit einer Co-Autorin – der Schriftstellerin und Herausgeberin von *Fortune,* Carol J. Loomis.

„Der große Haken dabei – natürlich abgesehen von meinem Zögern und Zaudern – ist, daß ich, wenn ich mich je zu einem Buch entschließe, auch möchte, daß es zu etwas gut ist", schrieb Buffett 1989 in einem Brief an mich. „Das setzt gute Ideen voraus – und Ideen, die noch nirgends veröffentlicht sind. Meine wichtigsten Ideen stammen unmittelbar von Ben Graham, und er hat sie weitaus besser ausgedrückt, als ich es je könnte. Wenn das Buch eine Biographie werden soll, sollte ich meiner Meinung nach noch eine Zeitlang warten. Ich bin optimistisch genug, zu hoffen, daß mir die interessantesten Kapitel noch bevorstehen."

Obwohl Buffett gesund und munter wie immer ist, gibt es doch gewisse Anzeichen, daß Warren und Carol tatsächlich gerade an dem Buch arbeiten. Ich zumindest kann es kaum abwarten, mehr Pointiertes und Wissenswertes aus dem Mund Warren Buffetts zu hören.

BERKSHIRE HATHAWAY – AKTIENKURS

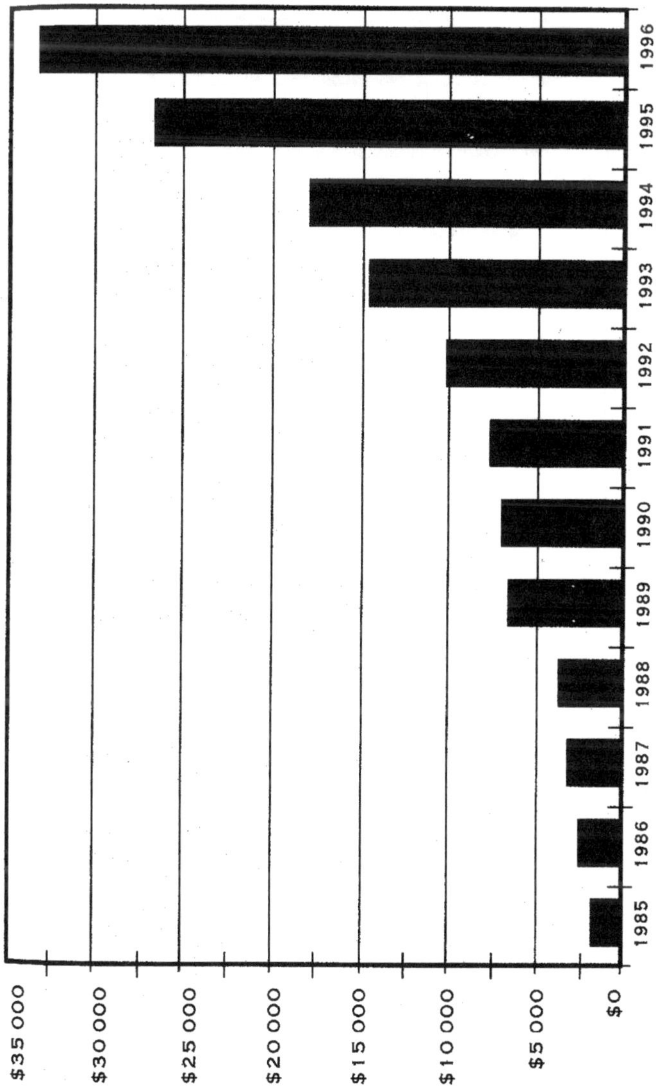

BERKSHIRE HATHAWAY – GEWINN JE AKTIE

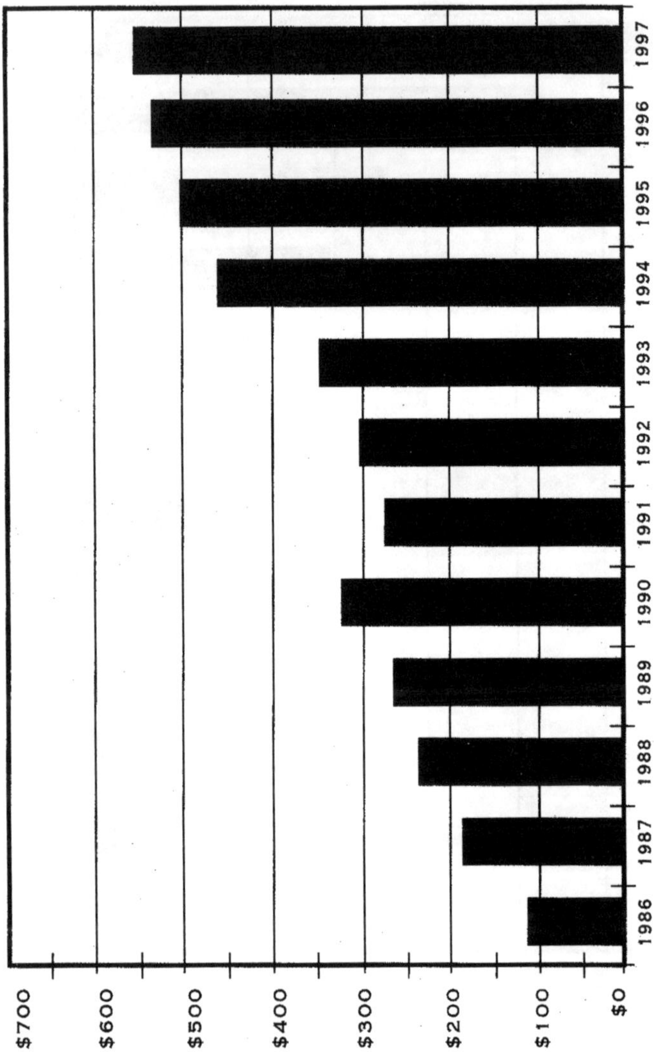

BERKSHIRE HATHAWAY – VERMÖGEN JE AKTIE

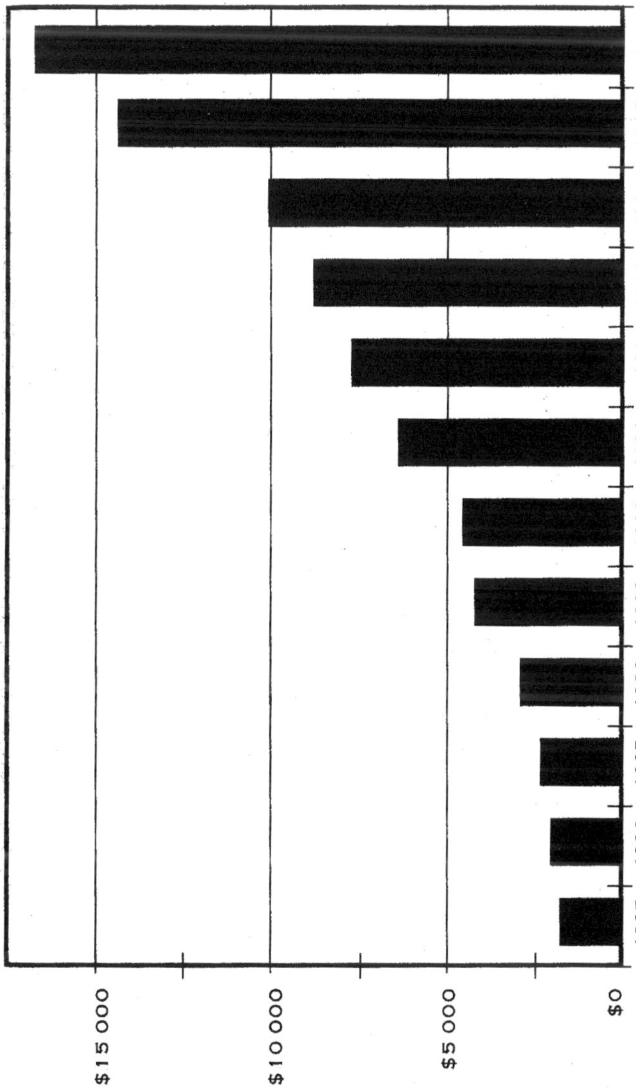

DANKSAGUNGEN

Zur Entstehung dieses Buches haben viele Menschen großzügig beigetragen. Mein Dank gilt Susan T. Buffett, Pam Buffett, Warren Buffett, Jolene Crowley, Elizabeth Douglass, der *San Diego Union-Tribune,* Lorena Goeller, Arthur Q. Johnson, Steve Jorden, dem *Omaha World-Herald,* Irving Kahn von den Kahn Brothers, Kathy Lowe, Austin Lynas, Bruce Marks, der North Carolina Public Television Foundation und der Kenan-Flagler School of Business an der University of North Carolina (Chapel Hill), William J. Ruane, dem Gründer des Sequoia Funds, Walter Schloss von Walter & Edwin Schloss, R. Hutchings Vernon, Kathy Welton, meinem Verleger Myles Thompson und meiner Literaturagentin Alice Fried Martell.

FUSSNOTEN-VERZEICHNIS

1. „The New Establishment 50", *Vanity Fair,* Oktober 1995, S. 280.
2. „In from the Gold", *The Economist,* 23. Mai 1992, S. 86.
3. R. Hutchings Vernon, „The Warren and Charlie Show: Notes from the 1996 Berkshire Hathaway Annual Meeting", 6. Mai 1996.
4. „What I Learned from Warren Buffett", BillGates, *Harvard Business* Review, Januar/Februar 1996. Copyright 1995, Microsoft Corp.
5. Bob Reilly, „The Richest Man in America", *USWest,* Herbst 1987, S. 2.
6. L. J. Davis, „Buffett Takes Stock", *The New York Times Magazine,* 1. April 1990, S. 16. (später von Buffett in einem Brief an den Autor richtiggestellt).
7. Bob Reilly, „The Richest Man in America", *USWest,* Herbst 1987, S. 2.
8. L. J. Davis, „Buffett Takes Stock", *The New York Times Magazine,* 1. April 1990, S. 16.
9. Bob Reilly, „The Richest Man in America", *USWest,* Herbst 1987, S. 2.
10. Robert McMorris, „Unparsimonious Billionaire Puzzled by Warren Buffett", *Omaha World-Herald,* 3. Dezember 1987, S. Bl.
11. Linda Grant, „Striking Out at Wall Street", *U.S. News & World Report,* 20. Juni 1994, S. 58.
12. William D. Orr's *First Gentleman's Cookbook,* (Lincoln, IVb., William D. Orr, 1987) S. 178.
13. Berkshire Hathaway-Jahreshauptversammlung, Omaha, 1992.
14. Ann Hughey, „Omaha's Plain Dealer", *Newsweek,* 1. April 1985, S. 56.
15. *Forbes 400,* 24. Oktober 1988, S. 155.
16. *The New York Times,* 20. Mai 1990, zu lesen in Andrew Kilpatricks *Of Permanent Value: The Story of Warren Buffett,* (Birmingham: AKPE, 1994) S. 568.
17. Robert Dorr, „Investor Warren Buffett Views Making Money as ‚Big Game'", *Omaha World-Herald,* 3. März 1985, S. 1.
18. Andrew Kilpatrick, *Of Permanent Value: The Story of Warren Buffett,* (Birmingham: AKPE, 1994) S. 81.
19. David C. Churbuck, „Games Grown-ups Play", *Forbes,* 19. Dezember 1994, S. 308.
20. Aus einem Video, das für die Berkshire Hathaway-Jahreshauptversammlung 1996 hergestellt und dort vorgeführt wurde.
21. „Billionaires", *Forbes 400,* 18. Oktober 1993, S. 112.
22. Berkshire Hathaway-Jahreshauptversammlung, Omaha, 1. Mai 1995.
23. L. J. Davis, „Buffett Takes Stock", *The New York Times Magazine,* 1. April 1990, S. 16.
24. Warren Buffett, Capital Cities/ABC-Management-Konferenz 1986.
25. Berkshire Hathaway-Jahreshauptversammlung, Omaha, 21. Mai 1984.
26. Warren Buffett, „Oil Discovered in Hell" *Investment Decisions,* Mai 1985, S. 22.

27. Alan Gersten, „Buffett Faces Shareholders“, *Omaha World-Herald,* 21. Mai 1986, S. 27.
28. Berkshire Hathaway-Jahreshauptversammlung, Omaha, 29. April 1991.
29. Sue Baggarly-Interview mit Warren Buffett, WOWT-TV, 14. Okt. 1993.
30. Jim Rasmussen, „Billionaire Talks Strategy with Students“, *Omaha World-Herald,* 2. Januar 1994, S. 17S.
31. Andrew Kilpatrick, *Of Permanent Value: The Story of Warren Buffett* (Birmingham: AKPE, 1994), S. 488.
32. Robert G. Hagstrom Jr., *The Warren Buffett Way,* (New York, John Wiley & Sons, Inc., 1994) S. 22.
33. Berkshire Hathaway-Jahreshauptversammlung, Omaha, 1. Mai 1995.
34. Berkshire Hathaway-Jahreshauptversammlung, Omaha, 1991.
35. Carol J. Loomis, „The Inside Story of Warren Buffett“, *Fortune,* 11. April 1988, S. 26.
36. Warren Buffett-Rede am Emory Business College, November 1989 (zu lesen in Andrew Kilpatricks *Of Permanent Value: The Story of Warren Buffett,* Birmingham: AKPE, 1994).
37. Patricia E. Bauer, „The Convictions of a Long-Distance Investor“, *Channels,* November 1986, S. 22.
38. *Forbes 400,* 28. Oktober 1985, S. 118.
39. Bob Reilly, „The Richest Man in America,“ *USWest,* Herbst 1987, S. 2.
40. Patricia Bauer, „The Convictions of a Long-Distance Investor, *Channels,* November 1986, S. 22.
41. John Rothchild, „How Smart is Warren Buffett?“, *Time,* 3. April 1995, S. 54.
42. Robert Dorr, „Buffetts Have become 1st Billionaires in State“, *Omaha World-Herald,* 28. Juli 1985, S. 1
43. Alan Gersten, „Buffett Ranks 8th as ‚Biggest Stakeholder‘“, *Omaha World-Herald,* 16. Juli 1986, S. 29.
44. „Billionaires“, *Forbes 400,* 18. Oktober 1993, S. 112.
45. Art Buchwald, „The Burden of Being Second Best“, *The Los Angeles Times,* 20. Juli 1995, S. E4.
46. Roger Lowenstein, *Buffett: The Making of an American Capitalist,* (New York: Random House, 1995) S. 111.
47. Kathy McCormack, „Buffett's Crisis Control: Lay It Out as You See It“, *San Diego Union,* Associated Press, 5. September 1992 (später in einem Brief Buffetts an die Autorin richtiggestellt).
48. Liz Smith, „Lifestyles' Catches Elusive Billionaire“, *New Jersey Star Ledger,* 4. November 1992.
49. Mark M. Colodny, „Warren Buffett's Tuffest Critic“, *Fortune,* 3. Juni 1991, S. 211.
50. Andrew Kilpatrick, *Of Permanent Value: The Story of Warren Buffett* (Birmingham: AKPE, 1994), S. 237.
51. „Warren Buffett Talks Business,“ PBSTV-Programm, produziert von der University of North Carolina, Center for Public Television (Chapel Hill), 1995.
52. Ibid.

53. „The New Establishment 50“, *Vanity Fair,* Oktober 1996, S. 280.
54. Roger Lowenstein, *Buffett: The Making of an American Capitalist,* (New York: Random House, 1995), S. 46.
55. Linda Grant, „Striking Out at Wall Street“, *U.S. News & World Report,* 20. Juni 1994, S. 58.
56. John Train, *The Money Masters,* (New York: Harper & Row, 1980) S. 5.
57. Brett Duval Fromson, „Are These the New Warren Buffetts?“, *Fortune, 1990 Investor's Guide*, S. 98.
58. Bob Reilly, „The Richest Man in America“, *USWest,* Herbst 1987, S. 2.
59. Jim Rasmussen, „Billionaire Talks Strategy with Students“, *Omaha World-Herald,* 2. Januar 1994, S. 17S.
60. Beth Botts, „The Corn-fed Capitalist“, *Regardie's,* Februar 1986.
61. Interview mit der Autorin, 25. Mai 1993.
62. Interview mit Sue Baggarly, WOWT-TV, Omaha, 14. Oktober 1993.
63. Berkshire Hathaway-Jahreshauptversammlung, Omaha, 1994.
64. Ron Suskind, „Legend Revisited: Warren Buffett's Aura as Folksy Sage Masks Tough, Polished Man“, *The Wall Street Journal,* 8. Nov. 1991, S. 1.
65. Andrew Kilpatrick, *Of Permanent Value: The Story of Warren Buffett* (Brimingham: AKPE, 1994), S. 65.
66. „Investor Buffett's Speculations Reap Artistic Returns“, *Omaha World-Herald,* 30. Mai 1985, S. 1.
67. Berkshire Hathaway-Jahreshauptversammlung, Omaha, 6. Mai 1996.
68. Linda Grant, „The $4-Billion Regular Guy“, *The Los Angeles Times,* 7. April 1991, S. 36.
69. Berkshire Hathaway-Jahreshauptversammlung, Omaha, 1991.
70. Aus einem Video, das für die Berkshire Hathaway-Jahreshauptversammlung 1996 hergestellt und dort vorgeführt wurde.
71. Andrew Kilpatrick, *Of Permanent Value: The Story of Warren Buffett,* (Birmingham: AKPE, 1994), S. 72.
72. Warren Buffett-Rede, New York Society of Security Analysts, 6. Dezember 1994.
73. Robert Lenzner, „Warren Buffett's Idea of Heaven: I don't have to work with people I don't like“, *Forbes 400,* 18. Oktober 1993, S. 112.
74. Robert McMorris, „Leila Buffett Basks in Value of Son's Life, Not Fortune“, *Omaha World-Herald,* 16. Mai 1987, S. 17.
75. Patricia E. Bauer, „The Convictions of a Long-Distance Investor“, *Channels*, November 1986, S. 22.
76. Robert Lenzner, „Warren Buffett's Idea of Heaven: I don't have to work with people I don't like,“ *Forbes 400,* 18. Oktober 1993, S. 40.
77. Robynn Tysver, „Warren Buffett Hits Campaign Trail“, *The San Diego Union-Tribune,* Associated Press, 16. Oktober 1994, S. I- 1.
78. „The Money Men: How Omaha Beats Wall Street“, *Forbes,* 1. November 1969, S. 82.
79. Warren Buffett, „What We Can Learn from Phil Fisher“, *Forbes,* 19. Oktober 1987, S. 40.

80. Alan Deutschman, „Bill Gates' Next Challenge", *Fortune,* 28. Dezember 1992, S. 31.
81. Ibid.
82. Interview mit der Autorin, Omaha, 23. Mai 1993.
83. SEC File No. HO-784, Blue Chip Stamps, et al./Warren Buffett, Brief an Charles N. Huggins, 15. Dezember 1972.
84. Aus einem Video, das für die Berkshire Hathaway-Jahreshauptversammlung 1996 hergestellt und dort vorgeführt wurde.
85. Warren Buffett, „The 3 Percent Solution", *The Washington Post*, 14. September 1993, S. A21.
86. *Forbes 400,* 19. Oktober 1992, S. 93.
87. Berkshire Hathaway-Jahreshauptversammlung, Omaha, 1992.
88. John Huey, „The World's Best Brand", *Fortune,* 31. Mai 1993, S. 44.
89. Carol J. Loomis, „The Inside Story of Warren Buffett," *Fortune,* 11. April 1988, S. 26.
90. Berkshire Hathaway-Jahreshauptversammlung, Omaha, 1987.
91. Carol J. Loomis, „The Inside Story of Warren Buffett," *Fortune,* 11. April 1988, S. 26.
92. Robert Dorr, „Furniture Mart Handshake Deal", *Omaha World-Herald,* 15. September 1995, S. E1.
93. Beth Botts, „The Corn-fed Capitalist", *Regardie's,* Februar 1986, S. 55.
94. Ibid., S. 45.
95. „Warren Buffett Talks Business", The University of North Carolina, Center for Public Television (Chapel Hill), 1995.
96. Bernice Kanner, „Aw Shucks, It's Warren Buffett", *New York Magazine,* 22. April 1985, S. 52.
97. Michael Kelly, „Mrs. B. Cruises into Year 100", *Omaha World-Herald,* 17. Dezember 1992, S. 17SF.
98. Linda Grant, „The $4-Billion Regular Guy", *The Los Angeles Times Magazine,* 7. April 1991.
99. Bernice Kanner, „Aw Shucks, It's Warren Buffett", *New York Magazine,* 22. April 1985, S. 52.
100. John R. Hayes, „The Oversight Was Understandable", *Forbes,* 26. April 1993.
101. Andrew Kilpatrick, *Of Permanent Value: The Story of Warren Buffett* (Birmingham: AKPE, 1994), S. 429.
102. Bob Reilly, „The Richest Man in America", *USWest,* Herbst 1987, S. 2.
103. Ibid.
104. Adam Smith, *Supermoney,* (New York: Random House, 1972), S. 198.
105. L. J. Davis, „Buffett Takes Stock", *The New York Times Magazine,* 1. April 1990, S. 16.
106. Robert Dorr, „Ex-Omahan Traded Law for Board Room", *Omaha World-Herald,* 31. August 1977, S. B1.
107. Carol J. Loomis, „The Inside Story of Warren Buffett", *Fortune,* 11. April 1988, S. 26.

108. Robert Lenzner und David S. Fondiller, „The Not-So-Silent Partner“, *Forbes,* 22. Januar 1996, S. 78.
109. Berkshire Hathaway-Jahreshauptversammlung, Omaha, 1996.
110. John Train, *The Midas Touch,* (New York: Harper & Row, 1987), S. 70.
111. Andrew Kilpatrick, *Of Permanent Value: The Story of Warren Buffett* (Birmingham: AKPE, 1994), S. 489.
112. Robert Lenzner, „Warren Buffett's Idea of Heaven: I don't have to work with people I don't like“, *Forbes 400,* 18. Oktober 1993.
113. Robert Lenzner und David S. Fondiller, „Meet Charlie Munger“, *Forbes,* 22. Januar 1996, S. 78.
114. Brett Duval Fromson, „And Now, a Look at the Old One“, *Fortune, 1990 Investor's Guide*, S. 98.
115. Robert Lenzner, „Warren Buffett's Idea of Heaven: I don't have to work with people I dont like“, *Forbes 400,* 18. Oktober 1993, S. 40.
116. Robert Dorr, „Buffett's Right-hand Man“, *Omaha World-Herald,* 10. August 1986, S. 1.
117. Robert Lenzner und David S. Fondiller, „Meet Charlie Munger“, *Forbes,* 22. Januar 1996, S. 78.
118. Berkshire Hathaway-Jahreshauptversammlung, Omaha, 1. Mai 1995.
119. Berkshire Hathaway-Jahreshauptversammlung, Omaha, 1996, (später in einem Brief Buffetts an die Autorin modifiziert).
120. Roger Lowenstein, *Buffett: The Making of an American Capitalist,* (New York: Random House, 1995), S. 75.
121. Robert Dorr, „Ex-Omahan Traded Law for Board Room“, *Omaha World-Herald,* 3. August 1977, S. B1.
122. Carol J. Loomis, „The Inside Story of Warren Buffett“, *Fortune,* 11. April 1988, S. 26.
123. Andrew Kilpatrick, *Of Permanent Value: The Story of Warren Buffett,* (Birmingham: AKPE, 1994), S. 98.
124. Ron Suskind, „Legend Revisited: Warren Buffett's Aura as Folksy Sage Masks Tough, Polished Man“, *The Wall Street Journal,* 8. November 1991, S. 1.
125. Robynn Tysver, „Warren Buffett Hits Campaign Trail“, *The San Diego Union-Tribune,* Associated Press, 16. Oktober 1994, S. I-1.
126. Robert Lenzner, „Warren Buffett's Idea of Heaven: I don't have to work with people I don't like“, *Forbes 400,* 18. Oktober 1993, S. 40.
127. „Warren Buffett Talks Business“, The University of North Carolina, Center for Public Television (Chapel Hill), 1995.
128. Michael Kelly, „Susie Funny Like Her Dad,“ *Omaha World Herald,* 26. Mai 1996, S. B1.
129. Bob Reilly, „The Richest Man in America“, *USWest,* Herbst 1987, S. 2.
130. Berkshire Hathaway-Jahreshauptversammlung, Omaha, 27. April 1992.
131. *Outstanding Investor Digest,* 6. März 1989, S. 4.
132. Gesagt zu Bruce Marks auf der Berkshire Hathaway-Jahreshauptversammlung, 1996.

133. Andrew Kilpatrick, *Of Perrnanent Value: The Story of Warren Buffett* (Birmingham: APKE, 1994), S. 508.
134. Beth Botts, „The Corn-fed Capitalist“, *Regardie's,* Februar 1986, S. 45.
135. Ron Suskind, „Legend Revisited: Warren Buffett's Aura as Folksy Sage Masks Tough, Polished Man“, *The Wall Street Journal,* 8. Nov. 1991, S. 1.
136. Linda Grant, „The $4-Billion Regular Guy“, *The Los Angeles Times,* 7. April 1991, S. 36.
137. Adam Smith, „The Modest Billionaire“, *Esquire*, Oktober 1988, S. 103.
138. Michael Kelly, „Susie Funny Like Her Dad“, *Omaha World-Herald,* 26. Mai 1996, S. B1.
139. Robert Dorr, „Investor Warren Buffett Views Making Money as ‚Big Game'“, *Omaha World-Herald,* 24. März 1985, S. 1.
140. Ken Kursen, „The Buffett with a Bullet“, *Worth,* April 1996, S. 25.
141. Tom Ineck, „A Little ‚Dance' Music Lifts Son of Omaha Billionaire“, *The Lincoln Journal and Star,* 8. August 1991, S. 11.
142. Linda Grant, „The $4-Billion Regular Guy“, *The Los Angeles Times,* 7. April 1991, S. 36.
143. Robert McMorris, „Leila Buffett Basks in Value of Son's Life, Not Fortune“, *Omaha World-Herald,* 16. Mai 1987, S. 17.
144. Ibid.
145. Ibid.
146. Ron Suskind, „Legend Revisited: Warren Buffett's Aura as Folksy Sage Masks Tough, Polished Man“, *The Wall Street Journal,* 8. Nov. 1991, S. 1.
147. *Outstanding Investor Digest,* 6. März 1989, S. 8.
148. *Outstanding Investor Digest,* 23. Juni 1989, S. 16.
149. John Train, *The New Money Masters,* (New York: Harper & Row, 1989), S. 55.
150. Bill Gates, *The Road Ahead,* (New York: Viking Press, 1995), S. 240–241.
151. John Train, *The Midas Touch,* (New York: Harper & Row, 1987), S. 2.
152. David Elsner, „It Works: Buying $l for 40 cents“, *Chicago Tribune,* 8. Dezember 1985, S. 1.
153. Linda Grant, „The $4-Billion Regular Guy“, *The Los Angeles Times,* 7. April 1991, S. 56.
154. Carol J. Loomis, „The Inside Story of Warren Buffett“, *Fortune,* 11. April 1988, S. 26.
155. Bernice Kanner, „Aw Shucks, it's Warren Buffett“, *New York Magazine,* 22. April 1983, S. 52.
156. Carol J. Loomis, „The inside Story of Warren Buffett“, *Fortune,* 11. April 1988, S. 26.
157. Ron Suskind, „Legend Revisited: Warren Buffett's Aura as Folksy Sage Masks Tough, Polished Man“, *The Wall Street Journal,* 8. Nov. 1991, S. 1.
158. Andrew Kilpatrick, *Of Permanent Value: The Story of Warren Buffett,* (Birmingham: AKPE, 1994), S. 40.
159. Ron Suskind, „Legend Revisited: Warren Buffett's Aura as Folksy Sage Masks Tough, Polished Man“, *The Wall Street Journal,* 8. Nov. 1991, S. 1.

160. Ibid.
161. Robert Dorr, „Investor Warren Buffett Views Making Money as ‚Big Game'", *Omaha World-Herald,* 24. März 1985, S. 1.
162. Al Pagel, „Susie Sings for More than Her Supper," *Omaha World-Herald,* April 17, 1977.
163. Ibid.
164. Ibid.
165. Robert McMorris, „Unparsimonius Billionaire Puzzled by Warren Buffett", *Omaha World-Herald,* 5. Dezember 1987, (später in einem Brief Buffetts an die Autorin modifiziert).
166. Robert McMorris, „Leila Buffett Basks in Value of Son's Life, Not Fortune", *Omaha World-Herald,* 16. Mai 1987, S. 17.
167. Sue Baggarly-Interview, WOVU-TV, Omaha, 14. Oktober 1993.
168. Linda Sandler, „Buffett's Savior Role Lands Him Deals Others Get", *The Wall Street Journal,* 14. August 1989, S. Cl.
169. Robert McMorris, „Unparsimonious Billionaire Puzzled by Warren Buffett," *Omaha World-Herald,* 3. Dezember 1987.
170. Ron Suskind, „Legend Revisited: Warren Buffett's Aura as Folksy Sage Masks Tough, Polished Man", *The Wall Street Journal,* 8. Nov. 1991, S. 1.
171. Michael Lewis, „The Temptation of St. Warren", *The New Republic,* 17. February 1992, S. 23.
172. Warren Buffett-Interview mit der Autorin, Omaha, 25. Mai 1993.
173. Rede von Warren Buffett an der Columbia Graduate School of Business, 27. Oktober 1993.
174. Bob Reilly, „The Richest Man in America", *USWest,* Herbst 1987, S. 2.
175. Roger Lowenstein, *Buffett: The Making of an American Capitalist,* (New York: Random House, 1993), S. 20.
176. L. J. Davis, „Buffett Takes Stock", *The New York Times Magazine,* 1. April 1990, Sp. 16.
177. Robynn Tysver, „Warren Buffett Hits Campaign Trall", *The San Diego Union-Tribune,* Associated Press, 16. October 1994, S. I-1.
178. L. J. Davis, „Buffett Takes Stock", *The New York Times Magazine,* 1. April 1990, S. 16.
179. Robert Dorr, „Investor Warren Buffett Views Making Money as ‚Big Game'", *Omaha World-Herald,* 24. March 1985.
180. „Eye", *Women's Wear Daily,* 10. Oktober 1985, S. 10.
181. *Forbes 400,* 22. Oktober 1990, S. 122.
182. Jonathan Liang, „Investor Who Piled Up $100 Million in the '60s Piles Up Firms Today", *The Wall Street Journal*, 31. März 1977, S. 27.
183. Berkshire Hathaway-Jahreshauptversammlung, Omaha, 1988.
184. Linda Grant, „The $4-Billion Regular Guy", *The Los Angeles Times Magazine,* 7. April 1991, S. 34.
185. „How Omaha Beats Wall Street", *Forbes*, 1. November 1969, S. 82, (später in einem Brief Buffetts an die Autorin modifiziert).
186. Bernice Kanner, „Aw Shucks, It's Warren Buffett", *New York Magazine,*

22. April 1985, S. 52.
187. John Train, *The Midas Touch,* (New York: Harper & Row, 1987), S. 5.
188. L. J. Davis, „Buffett Takes Stock", *The New York Times Magazine,* 1. April 1990, S. 16.
189. „Expert on Investing Plans to Slow Down", *Omaha World-Herald,* 25. February 1968, S. 1, (später in einem Brief Buffetts an die Autorin modifiziert).
190. Adam Smith, *Supermoney,* (New York: Random House, 1972), S. 182.
191. David A. Vise und Steve Cog, „Buffett-watchers Follow Lead of Omaha's Long-term Stock Investor", *The Washington Post,* 2. Oktober 1987, S. D1.
192. „How to Live with a Billion", *Fortune,* 11. September 1989, S. 50.
193. L. J. Davis, „Buffett Takes Stock", *The New York Times Magazine,* 1. April 1990, S. 16.
194. Jim Rasmussen, „Billionaire Talks Strategy with Students", *Omaha World-Herald,* 2. Januar 1994, S. 17S.
195. Ibid., S. 24.
196. „ABC Affiliates Hear Network's Fall Strategy", *Broadcasting,* 9. June 1986, S. 22.
197. „Warren Buffett Talks Business", The University of North Carolina, Center for Public Television (Chapel Hill), 1995.
198. Larry van Dyne, „The Bottom Line on Katharine Graham", *The Washingtonian,* Dezember 1985, S. 204.
199. Patricia E. Bauer, „The Convictions of a Long-Distance Investor", *Channels,* November 1986, S. 22.
200. Ibid, S. 24.
201. Berkshire Hathaway-Jahreshauptversammlung, Omaha, 1991.
202. Patricia E. Bauer, „The Convictions of a Long-Distance Investor", *Channels,* November, 1986, S. 22.
203. Andrew Kilpatrick, *Of Permanent Value: The Story of Warren Buffett*" (Birmingham: AKPE, 1994), S. 102.
204. Ann Hughey, „Omaha's Plain Dealer", *Newsweek,* 1. April 1985, S. 56.
205. Jim Rasmussen, „Brother, Can You Spare a Million?" *Omaha World-Herald,* 10. Oktober 1993, S. 1A.
206. Berkshire Hathaway-Jahreshauptversammlung, Omaha, 1989
207. Roger Lowenstein, *Buffett: The Making of an American Capitalist,* (New York: Random House, 1995), S. 286.
208. *Forbes 400,* 19. Oktober 1992, S. 93.
209. Robert Dorr, „Buffett Plans to Shut Down Finance Firm", *Omaha World-Herald,* 2. Juni 1969.
210. „Buffett Report Makes Times List", *Omaha World-Herald,* 22. April 1985, S. B1.
211. „Warren Buffett Talks Business", The University of North Carolina, Center for Public Television (Chapel Hill), 1995.
212. Ibid.
213. Gordon Matthews, „Wells' Stock Continues to Climb on Speculation

Buffett is Buying", *American Banker,* 10. November 1992, S. 16.
214. „Omahan Mum on His Ideas for Grinnell's Investments", *Omaha World-Herald,* 18. Juli 1980.
215. Salomon Inc.: A report by the chairman on the company's standing and outlook. *The New York Times,* 29. Oktober 1991.
216. Ibid.
217. Robert Dorr, „Early Faith Made Many ‚Buffett Millionaires'", *Omaha World-Herald,* 5. Mai 1986, S. 1
218. Judith H. Dobrzynski, „Warren's World", *Business Week,* 10. Mai 93, S. 30.
219. Salomon Inc.: A report by the chairman on the company's standing and outlook. *The New York Times,* 29. Oktober 1991, S. 12.
220. „Now Hear This", *Fortune,* 10. Januar 1994, S. 20.
221. John Train, *The Money Masters,* (New York: Harper & Row, 1980), S. 25.
222. *Outstanding Investor Digest,* 24. Mai 1991.
223. Carol J. Loomis, „The Inside Story of Warren Buffett", *Fortune,* 11. April 1988, S. 26.
224. „Warren Buffett Talks Business", The University of North Carolina, Center for Public Television (Chapel Hill), 1995.
225. Robert G. Hagstrom Jr., *The Warren Buffett Way,* (New York: John Wiley & Sons Inc., 1994), div. S.
226. Robert Lenzner, „Warren Buffett's Idea of Heaven: I don't have to work with people I don't like", *Forbes 400,* 18. Oktober 1993, S. 40.
227. Carol J. Loomis, „The Inside Story of Warren Buffett", *Fortune,* 11. April 1988, S. 26.
228. Berkshire Hathaway-Jahreshauptversammlung, Omaha, 29. April 1991.
229. Ibid.
230. Berkshire Hathaway-Jahreshauptversammlung, Omaha, 1993.
231. Berkshire Hathaway-Jahreshauptversammlung, Omaha, 27. April 1992.
232. Berkshire Hathaway-Jahreshauptversammlung, Omaha, 29. April 1991.
233. Alan Gersten, „Buffett Faces Shareholders", *Omaha World-Herald,* 21. Mai 1986, S. 27.
234. Berkshire Hathaway-Jahreshauptversammlung, Omaha, 1994.
235. Salomon Brothers-Jahreshauptversammlung, New York, Mai 1992.
236. Interview mit Linda O'Bryon, *Nightly Business Report,* 6. Mai 1996.
237. Carol J. Loomis, „The Inside Story of Warren Buffett", *Fortune,* 11. April 1988, S. 26.
238. „The Forbes Four Hundred Billionaires", *Forbes 400,* 27. Oktober 1986.
239. Warren Buffett-Rede, New York Society of Security Analysts, 6. Dezember 1994.
240. Robert Lenzner, „Warren Buffett's Idea of Heaven: I don't have to work with people I don't like", *Forbes 400,* 18. Oktober 1993, S. 40.
241. Berkshire Hathaway-Jahreshauptversammlung, Omaha, 1988.
242. Warren E. Buffett, „How Inflation Swindles the Investor", *Fortune,* 5. Mai 1977, S. 250.
243. Ibid.

244. „Warren Buffett Is in Stocks Anyway“, *Fortune,* Mai 1977, S. 253.
245. Warren Buffett, „Investing in Equity Markets“, zitiert in einer Niederschrift über ein Seminar an der Columbia University Business School am 13. März 1985, S. 23.
246. Robert Dorr, „Investor Warren Buffett Views Making Money as ‚Big Game‘“, *Omaha World-Herald*, 24. März 1985.
247. Adam Smith, *Supermoney,* (New York: Random House, 1972), S. 181.
248. L. J. Davis, „Buffett Takes Stock“, *The New York Times Magazine,* 1. April 1990, S. 16.
249. Warren Buffett-Korrespondenz mit Benjamin Graham, 17. Juli 1970.
250. Warren Buffett-Rede, New York Society of Security Analysts, 6. Dezember 1994.
251. Buffett-Interview mit der Autorin, Omaha, 25. Mai 1993.
252. Berkshire Hathaway-Jahreshauptversammlung, Omaha, 27. April 1992.
253. Warren Buffett-Rede, New York Society of Security Analysts, 6. Dezember 1994.
254. Berkshire Hathaway-Jahreshauptversammlung, Omaha, 1. Mai 1995.
255. Warren Buffett-Rede, New York Society of Security Analysts, 6. Dezember 1994.
256. Benjamin Graham, *The Intelligent Investor,* (New York: Harper & Row, 1973), S. 216.
257. Benjamin Graham und David Dodd, *Security Analysis,* (New York: McGraw-Hill, 1940), S. 43.
258. Benjamin Graham, „Current Problems in Security Analysis,“ Zusammenfassung von Lektionen, September 1946–Februar 1947, New York Institute of Finance, S. 102.
259. Robert Lenzner, „Warren Buffett's Idea of Heaven: I don't have to work with people I don't Like“, *Forbes 400,* 18. Oktober 1993, S. 40.
260. Anthony Bianco, „Why Warren Buffett Is Breaking His Own Rules“, *Business Week*, 15. April 1985, S. 134.
26 1. William Ruane, Interview mit der Autorin, June 1993.
262. Warren Buffett-Rede, New York Society of Security Analysts, 6. Dezember 1994.
263. Ibid.
264. Patricia E. Bauer, „The Convictions of a Long-Distance Investor“, *Channels,* November 1986, S. 22.
265. Warren Buffett-Interview mit der Autorin, Omaha, 25. Mai 1993.
266. Warren Buffett-Interview mit der Autorin, 25. Mai 1993, und Interview mit Charles Brandes, ebenfalls im Mai 1993.
267. Terence P. Pare, „Yes, You Can Beat the Market“, *Fortune,* 3. April 1995, S. 69, (später in einem Brief Buffetts an die Autorin modifiziert).
268. L. J. Davis, „Buffett Takes Stock“, *The New York Times Magazine,* 1. April 1990. S. 16.
269. Linda Grant, „The $4-Billion Regular Guy,“ *The Los Angeles Times Magazine,* 7. April 1991, S. 36.

270. Berkshire Hathaway-Jahreshauptversammlung, Omaha, 6. Mai 1996.
271. Ibid.
272. Leah Nathans Spiro und David Greising, „Why Amex Wooed Warren Buffett", *Business Week*, 19. August 1991, S. 97.
273. Anthony Simpson, *The Midas Touch,* (New York: Dutton, 1990), S. 79.
274. „Buffett Listed by Fortune with Wall Street Winners", *Omaha World-Herald,* 31. Juli 1983, zitiert aus dem Magazin *Fortune* vom 8. August 1983.
275. „Look at All Those Beautiful, Scantily Clad Girls Out There", *Forbes,* 1. November 1974.
276. Patricia E. Bauer, „The Convictions of a Long-Distance Investor", *Channels,* November, 1986, S. 22.
277. *Forbes 400,* 1. Oktober 1985, S. 82.
278. Berkshire Hathaway-Jahreshauptversammlung, Omaha, 1994.
279. Ibid.
280. „Faces Behind the Figures", *Forbes,* 4. Januar 1988.
281. Kommentar von Warren Buffett, Berkshire Hathaway-Jahreshauptversammlung, 1992 (wie berichtet in „How to Buffett Against the Perils of Perots", Herb Ross, *Westfield Leader*, 6. August 1992.)
282. Robert Lenzner, „Warren Buffett's Idea of Heaven: I don't have to work with people I don't like", *Forbes 400,* 18. Oktober 1993, S. 40.
283. L. J. Davis, „Buffett Takes Stock", *The New York Times Magazine,* 1. April 1990, S. 16.
284. Warren Buffett, „You Pay a Very High Price in the Stock Market for a Cheery Consensus", *Forbes,* 6. August 1979, S. 25.
285. Robert Lenzner, „Warren Buffett's Idea of Heaven: I don't have to work with people I don't like", *Forbes 400,* 18. Oktober 1993, S. 40.
286. L. J. Davis, „Buffett Takes Stock", *The New York Times Magazine,* 1. April 1990, S. 16.
287. Linda Grant, „The $4-Billion Regular Guy", *The Los Angeles Times Magazine,* 7. April 1991, S. 34.
288. *Forbes 400,* 13. September 1982, S. 116.
289. Warren Buffett-Brief an seine Partner, 20. Januar 1966.
290. Jim Rasmussen, „Hometown Deal Pleases Buffett", *Omaha World-Herald,* 21. Oktober 1992, S. 16.
291. Berkshire Hathaway-Jahreshauptversammlung, Omaha, 6. Mai 1996
292. Adam Smith, „The Modest Billionaire", *Esquire*, Oktober 1988, S. 103.
293. Warren Buffett, *Nightly Business Report,* PBS, 15. Dezember 1994.
294. David Elsner, „It Works: Buying $l for 40 cents", *Chicago Tribune,* 8. Dezember 1985, Sektion 7, S. 1.
295. Alan Gersten, „Buffett Faces Shareholders", *Omaha World-Herald*, 21. Mai 1986, S. 27.
296. Ann Hughey, „Omahas Plain Dealer", *Newsweek,* 1. April 1985, S. 56.
297. Andrew Kilpatrick, *Of Permanent Value: The Story of Warren Buffett,* (Birmingham, AKPE, 1994), S. 568.

298. Warren Buffett, „What We Can Learn from Phil Fisher“, *Forbes,* 19. Oktober 1987, S. 40.
299. Terence P. Pare, „Yes You Can Beat the Market“, *Fortune,* 3. April 1995.
300. Warren Buffett-Brief, 15. April 1994. Mitgeteilt von Walter Schloss.
301. Diskussion zwischen Warren Buffett und Walter Schloss, New York Society of Security Analysts, 6. Dezember 1994.
302. Andrew Kilpatrick, *Of Permanent Value: The Story of Warren Buffett,* (Birmingham: AKPE, 1994), S. 62.
303. Berkshire Hathaway-Jahreshauptversammlung, Omaha, 1. Mai 1995.
304. Maria Mallory, „Behemoth on a Tear,“ *Business Week*, 3. Oktober 1994.
305. Warren E. Buffett, „How Inflation Swindles the Equity Investor“, *Fortune,* 5. Mai 1977, S. 250.
306. Robert Lenzner, „The Secrets of Salomon“, *Forbes,* 23. November 1992, S. 123.
307. Warren Buffett, „You Pay a Very High Price in the Stock Market for a Cheery Consensus“, *Forbes,* 6. August 1979, S. 15.
308. Warren E. Buffett, „The Security I Like Best“, *The Commercial and Financial Chronicle*, 6. Dezember 1951.
309. Jim Rasmussen, „Buffett Talks Strategy with Students“, *Omaha World-Herald*, 2. Januar 1994, S. 17S.
310. Ibid.
311. Warren Buffett-Brief an John Dingell, D-MI, Republikaner und Chairman des Kommitees für Überprüfungen und Untersuchungen, März 1982.
312. Ibid.
313. „Look at All Those Beautiful, Scantily Clad Girls Out There“, *Forbes,* 1. November 1974.
314. Brett Duval Fromson, „Are These the New Warren Buffetts?“, *Forbes, 1990 Investor's Guide*, S. 81.
315. Adam Smith, „The Modest Billionaire“, *Esquire*, Oktober 1988, S. 103.
316. Warren Buffett-Brief an John Dingell, D-MI, Republikaner und Chairman des Kommitees für Überprüfungen und Untersuchungen, März 1982.
317. Brett Duval Fromson, „Warm Tip from Warren Buffett: It's Time to Buy Freddie Macs“, *Fortune,* 19. Dezember 1988, S. 33.
318. Berkshire Hathaway-Jahreshauptversammlung, Omaha, 1993.
319. Linda Grant, „Striking Out at Wall Street“, *U.S. News & World Report,* 20. Juni 1994, S. 58.
320. Robert Lenzner und David S. Fondiller, „Meet Charlie Munger“, *Forbes,* 22. Januar 1996.
321. Warren E. Buffett, „How to Solve Our Trade Mess without Ruining Our Economy“, *The Washington Post*, 5. Mai 1987, S. B1.
322. Berkshire Hathaway-Jahreshauptversammlung, Omaha, 1996.
323. John C. Coffee, Jr. Louis Lowenstein und Susan Ackerman, *Knights, Raiders, and Targets,* (New York: Oxford University Press, 1988), S. 11-27.
324. Tatiana Pouschine mit Carolyn Torcellini, „Will the Real Warren Buffett Please Stand Up“, *Forbes,* 19. März 1990, S. 92.

325. „Warren Buffett Talks Business“, The University of North Carolina, Center for Public Television (Chapel Hill), 1995.
326. „Warren Buffett's $2-Billion Song and Dance“, *Fortune,* 4. März 1996.
327. Gary Strauss, „Buffett's a Buddy to Targeted firms“, *USA Today,* 9. August 1989.
328. Linda Grant, „Striking Out at Wall Street“, *U.S. News & World Report,* 20. Juni 1994, S. 58.
329. Linda Grant, „The $4-Billion Regular Guy“, *The Los Angeles Times Magazine,* 7. April 1991.
330. Immer wieder zitiert. Die Autorin hörte diesen Kommentar auf der Berkshire Hathaway-Jahreshauptversammlung in Omaha, 1994.
331. Warren E. Buffett, „How Inflation Swindles the Equity Investor“, *Fortune,* 5. Mai 1977, S. 250.
332. Robert Dorr, „Investor Warren Buffett Views Making Money as ‚Big Game‘“, *Omaha World-Herald,* 21. März 1985, S. 1.
333. Robert Dorr, „Buffett Acknowledges Risk Factor in His Purchase of WPPSS Bonds“, *Omaha World-Herald,* 15. April 1985.
334. Warren Buffett, „Investing in Equity Markets“, zitiert in einer Niederschrift über ein Seminar an der Columbia University Business School am 13. März 1985, S. 19.
335. Linda Grant, „Striking Out at Wall Street“, *U.S. News & World Report,* 20. Juni 1994, S. 58.
336. Adam Smith, „The Modest Billionaire“, *Esquire*, Oktober 1988, S. 103.
337. Linda Grant, „Striking Out at Wall Street“, *U.S. News & World Report,* 20. Juni, 1994, S. 58.
338. Ann Hughey, „Omaha's Plain Dealer“, *Newsweek,* 1. April 1985, S. 56.
339. James Fogarty, „Buffett Questioned in IBM Suit“, *Omaha World-Herald,* 24. Januar 1980, S. C1.
340. Warren Buffett, „Investing in Equity Markets“, zitiert in einer Niederschrift über ein Seminar an der Columbia University Business School am 13. März 1985, S. 23.
341. Linda Grant, „The $4-Billion Regular Guy“, *The Los Angeles Times Magazine,* 7. April 199 1, S. 36.
342. Linda Grant, „Striking Out at Wall Street“, U.S. *News & World Report,* 20. Juni 1994, S. 58.
343. David A. Vise und Steve Coll. „Buffett-watchers Follow Lead of Omaha‘s Long-term Stock Investor“, *The Washington Post,* 2. Oktober 1987, S. D1.
344. Warren Buffett, „Reforming Casino Society“, *Financial World,* 20. Januar 1987, S. 138, nachgedruckt aus der *Washington Post.*
345. Michael Lewis, „The Temptation of St. Warren“, *The New Republic,* 17. Februar 1992, S. 22.
346. Robert Lenzner und Davis S. Fondiller, „The Not-So-Silent Partner“, *Forbes,* 22. Januar 1996, S. 78.
347. „Warren Edward Buffett“, *Forbes 400,* 21. Oktober 1991, S. 151.
348. Berkshire Hathaway-Jahreshauptversammlung, Omaha, 1. Mai 1995.

349. Robert Dorr, „Buffett Quickly Unloaded First Three Stock Shares“, *Omaha World-Herald,* 5. Dezember 1968.
350. „Warren Buffett Talks Business“, The University of North Carolina, Center for Public Television (Chapel Hill), 1995.
351. Berkshire Hathaway-Jahreshauptversammlung, Omaha, 1988.
352. „Warren Buffett Talks Business“, The University of North Carolina, Center for Public Television (Chapel Hill), 1995.
353. „Look at All Those Beautiful, Scantily Clad Girls Out There!“, *Forbes,* 1. November 1974.
354. Jim Rasmussen, „Billionaire Talks Strategy with Students“, *Omaha World-Herald,* 2. Januar 1994, S. 17S.
355. Berkshire Hathaway-Jahreshauptversammlung, Omaha, 1. Mai 1995.
356. Warren Buffett, „Investing in Equity Markets“, zitiert in einer Niederschrift über ein Seminar an der Columbia University Business School am 13. März 1985, S. 28-29.
357. Robert Lenzner, „Warren Buffett's Idea of Heaven: I don't work with people I don't like“, *Forbes 400,* 18. Oktober 1993, S. 40.
358. „Warren Buffett Talks Business“, The University of North Carolina, Center for Public Television (Chapel Hill), 1995.
359. Associated Press and The New York Times News Services: „Buffett Buys Out the Rest of GEICO“, *The San Diego Union-Tribune,* 26. August 1995, S. Cl.
360. „The Appeal of a Lousy Business“, *Forbes,* 19. März 1990, S. 96.
361. Robert Dorr, „Buffett Says Firm's Performance is ‚Certain to Decline'.“ *Omaha World-Herald*, 22. Mai 1984, S. C1.
362. Berkshire Hathaway-Jahreshauptversammlung, Omaha, 1993.
363. Jim Rasmussen, „Billionaire Talks Strategy with Students“, *Omaha World-Herald,* 2. Januar 1994, S. 17S.
364. „Warren Buffett Talks Business“, The University of North Carolina, Center for Public Television (Chapel Hill), 1995.
365. Bob Reilly, „The Richest Man in America“, *USWest,* Herbst 1987, S. 2.
366. „How Omaha Beats Wall Street“, *Forbes,* 1. November 1969, S. 82.
367. „Warren Buffett Talks Business“, The University of North Carolina, Center for Public Television (Chapel Hill), 1995.
368. Roger Lowenstein, *Buffett: The Making of an American Capitalist,* (New York: Random House, 1995), S. 234.
369. Warren Buffett-Rede, New York Society of Security Analysts, 6. Dezember 1996.
370. Berkshire Hathaway-Jahreshauptversammlung, Omaha, 29. April 1991.
371. Robert Dorr, „Buffett's Ad Seeks Businesses to Purchase“, *Omaha World-Herald,* 18. November 1986, S. C1.
372. „Warren Buffett Triples Profits“, *New York Post,* 14. Mai 1994, S. D1.
373. Brett Duval Fromson, “Are These the New Warren Buffetts?“ *Fortune, 1990 Investor's Guide*, S. 82.

374. Kommentar von Warren Buffett, Berkshire Hathaway-Jahreshauptversammlung, Omaha, 1992.
375. Mark Hulbert, „Be a Tiger, Not a Hen“, *Forbes,* 23. Mai 1992, S. 298.
376. Berkshire Hathaway-Jahreshauptversammlung, Omaha, 1996.
377. Berkshire Hathaway-Jahreshauptversammlung, Omaha, 21. Mai 1984.
378. „Warren Buffett Talks Business“, The University of North Carolina, Center for Public Television (Chapel Hill), 1995.
379. *The Wall Street Journal*, 30. September 1987, S. 17.
380. Robert Dorr, „Buffett's Ad Seeks Businesses to Purchase“, *Omaha World-Herald,* 18. November 1986.
381. Terence P. Pare, „Yes, You Can Beat the Market“, *Fortune,* 3. April 1995.
382. Roger Lowenstein, *Buffett: The Making of an American Capitalist,* (New York: Random House, 1995), S. 132.
383. Inserat, *The Wall Street Journal,* 17. November 1986, S. 16.
384. Berkshire Hathaway-Jahreshauptversammlung, Omaha, 1989.
385. Warren Buffett-Rede, New York Society of Security Analysts, 6. Dezember 1994.
386. Berkshire Hathaway-Jahreshauptversammlung, Omaha, 1995.
387. Warren Buffett-Rede, New York Society of Security Analysts, 6. Dezember 1994.
388. L. J. Davis, „Buffett Takes Stock“, *The New York Times Magazine,* 1. April 1990, S. 16.
389. Warren Buffett-Rede, New York Society of Security Analysts, 6. Dezember 1994.
390. Carol J. Loomis, „The Inside Story of Warren Buffett“, *Fortune,* 11. April 1988, S. 26.
391. Berkshire Hathaway-Jahreshauptversammlung, Omaha, 1991.
392. Berkshire Hathaway-Jahreshauptversammlung, Omaha, 6. Mai 1996.
393. Alan C. Greenberg, *Memos from the Chairman,* (New York: Workman Publishing, 1996).
394. Patricia E. Bauer, „The Convictions of a Long-Distance Investor“, *Channels,* November 1986, S. 22.
395. Ibid.
396. „Lights! Camera! Cash Flow!“, *Fortune,* 6. September 1993, S. 11.
397. Alan Bersten, „Buffett Faces Shareholders“, *Omaha World-Herald,* 21. Mai 1986, S. 27.
398. Berkshire Hathaway-Jahreshauptversammlung, Omaha, 1994.
399. Berkshire Hathaway-Jahreshauptversammlung, Omaha, 1996.
400. Judith H. Dobrzynski, „Warren's World,“ *Business Week,* 10. Mai 1995, S. 30.
401. Robert Dorr, „Buffett Says Firm's Performance is ‚Certain to Decline‘.“ *Omaha World-Herald,* 22. Mai 1985, S. C1.
402. Gary Weiss und David Greising, „Poof! Wall Street's Sorcerers Lose Their Magic“, *Business Week,* 27. Januar 1992, S. 74.
403. Claude Bejet, „Coke and Candy“, *Forbes,* 19. Juni 1995, S. 152.

404. „The New Establishment 50“, *Vanity Fair,* Oktober, 1995, S. 280.
405. Robert Lenzner, „Warren Buffett's Idea of Heaven: I don't have to work with people I don't like“, *Forbes 400,* 18. Oktober 1995, S. 40.
406. Berkshire Hathaway-Jahreshauptversammlung, Omaha, 6. Mai 1996.
407. Ibid.
408. Ibid.
409. Warren Buffett-Rede, New York Society of Security Analysts, 6. Dezember 1994.
410. L. J. Davis, „Buffett Takes Stock“, *The New York Times Magazine,* 1. April 1990, S. 16.
411. „Buffett Wins Berkshire Approval for Cheaper Stock, Urges Patience“, *The Los Angeles Times,* 7. Mai 1996, S. D3.
412. Ibid.
413. Ann Kates, „Berkshire Hathaway Joins NYSE“, *USA Today,* 8. November 1988.
414. Frank Lalli, „Buffett's New Stock. Looks great ... but is less filling“, *Money*, April 1996, S. 94.
415. Reed Abelson, „Market Place“, *The New York Times,* 8. Mai 1996, S. D4.
416. Frank Lalli, „Buffett's New Stock: Looks great ... but is less filling“, *Money,* April 1996, S. 94.
417. Walter Hamilton, „Investor's Corner“, *Investors Business Daily,* 25. Februar 1996.
418. Ibid.
419. Alan Abelson, „Manchurian Capitalist,“ *Barron's,* 22. April 1996, S. 1.
420. Malcolm Berko, „If Buffett Won't Buy Shares, Why Should You?“ *San Diego Business Journal,* 15. Juli 1996, S. 41.
421. Irving Kahn-Kommentar, New York Society of Security Analysts, 6. Dezember 1996.
422. Warren Buffett, „Oil Discovered in Hell“, *Investment Decisions,* Mai 1985, S. 22.
423. Alan Gersten, „Buffett Tells Shareholders What He Seeks in Firms“, *Omaha World-Herald,* 21. Mai 1986, S. D1.
424. Berkshire Hathaway-Jahreshauptversammlung, Omaha, 1987.
425. „Warren Buffett Talks Business“, The University of North Carolina, Center for Public Television (Chapel Hill), 1993.
426. Carol J. Loomis, „Buffett to Disney: All Thumbs Up“, *Fortune,* 4. April 1996, S. 35.
427. Warren Buffett-Rede, New York Soclety of Securitv Analysts, 6. Dezember 1994.
428. Ibid.
429. „Warren Buffett Talks Business“, The University of North Carolina, Center for Public Television (Chapel Hill), 1995.
430. Ibid.
431. Robert Dorr, *Omaha World-Herald,* 20. Oktober 1991, S. D1.
432. Berkshire Hathaway-Jahreshauptversammlung, Omaha, 27. April 1992.

433. Berkshire Hathaway-Jahreshauptversammlung, Omaha, 1994.
434. „Warren Edward Buffett", *Forbes 400,* 21. Oktober 1991, S. 151
435. *Institutional Investor*, September 1991, wie zitiert von Andrew Kilpatrick in *Of Permanent Value: The Story of Warren Buffett* (Birmingham: APKE, 1994), S. 307.
436. Andrew Kilpatrick, *Of Permanent Value: The Story of Warren Buffett* (Birmingham: AKPE, 1994), S. 310.
437. Linda Grant, „How Buffett Cleaned Up Salomon", *U.S. News World Report,* 20. Juni 1994, S. 64.
438. Berkshire Hathaway-Jahreshauptversammlung, Omaha, 1991.
439. Berkshire Hathaway-Jahreshauptversammlung, Omaha, 1. Mai 1995.
440. „Warren Buffett Talks Business", The University of North Carolina, Center for Public Television (Chapel Hill), 1995.
441. „How Omaha Beats Wall Street", *Forbes,* 1. November 1969, S. 88.
442. Berkshire Hathaway-Jahreshauptversammlung, Omaha, 1996.
443. Bill Gates, „What I Learned from Warren Buffett," *Harvard Business Review,* Januar/Februar 1996, S. 148, (Copyright 1995: Microsoft Corp.).
444. Warren Buffett-Kommentar, Berkshire Hathaway-Jahreshauptversammlung, Omaha, 1992.
445. Melissa Turner, *The Atlanta Constitution,* wie zitiert von Andrew Kilpatrick in *Of Permanent Value: The Story of Warren Buffett* (Birmingham: APKE, 1994), S. 198.
446. Robert Lenzner, „Warren Buffett's Idea of Heaven: I don't have to work with people I don't like", *Forbes 400,* 18. Oktober 1993, S. 40.
447. Bernice Kanner, „Aw Shucks, It's Warren Buffett", *New York Magazine,* 22. April 1985, S. 52.
448. Berkshire Hathaway-Jahreshauptversammlung, Omaha, 1996.
449. Sam Thornton, „Warren Buffett, Omahan in Search of Social Challenges", Lincoln, Nebraska, *Journal and Star,* 18. März 1973, S. 6F
450. Berkshire Hathaway-Jahreshauptversammlung, Omaha, 1. Mai 1995.
451. Berkshire Hathaway-Jahreshauptversammlung, Omaha, 1. Mai 1995.
452. L. J. Davis, „Buffett Takes Stock", *The New York Times Magazine,* 1. April 1990.
453. Robert Dorr, „Buffett Says Firm's Performance is ‚Certain to Decline'." *Omaha World-Herald,* 22. Mai, 1984.
454. „Warren Buffett Talks Business", The University of North Carolina, Center for Public Television (Chapel Hill), 1995.
455. Ibid.
456. Ibid.
457. Ibid.
458. John Huey, „The World's Best Brand", *Forbes,* 31. Mai 1993, S. 44.
459. Ibid.
460. „Now Hear This", *Fortune,* 10. April 1989, S. 21.
461. Warren Buffett „Investing in Equity Markets", zitiert in einer Niederschrift über ein Seminar an der Columbia University Business School

am 13. März 1985, S. 11-12.
462. Bryan Burrough and John Helyar, *Barbarians at the Gate,* (Harper & Row: New York, 1990).
463. Jim Rasmussen, „Billionaire Talks Strategy with Students“, *Omaha World-Herald*, 2. Januar 1994, S. 17S.
464. Patricia E. Bauer, „The Convictions of a Long-distance Investor“, *Channels,* November, 1986, S. 22.
465. Berkshire Hathaway-Jahreshauptversammlung, Omaha, 1996.
466. Ibid.
467. Brett Duval Fromson, „Warm Tip from Warren Buffett: It's Time to Buy Freddie Macs“, *Fortune,* 19. Dezember 1988, S. 33.
468. *Courier-Express v. Evening News,* Anhörung bzw. Aussage von Warren Buffett, S. 50-52.
469. Jim Rasmussen, „Billionaire Talks Strategy with Students“, *Omaha World-Herald,* 2. Januar 1994, S. 17S
470. *Fortune,* 11. April 1991.
471. Berkshire Hathaway-Jahreshauptversammlung, Omaha, 1992.
472. Robert Lenzner, „Warren Buffett's Idea of Heaven: I don't have to work with people I don't like,“ *Forbes 400,* 18. Oktober 1993, S. 40.
473. Jim Rasmussen, „Billionaire Talks Strategy with Students“, *Omaha World-Herald,* 2. Januar 1994, S. 17S.
474. Linda Grant, „The $4-Billion Regular Guy“, *The Los Angeles Times Magazine,* 17. April 1991, S. 36.
475. Robert Lenzner, „Warren Buffett's Idea of Heaven: I don't have to work with people I don't like,“ *Forbes 400,* 18. Oktober 1993, S. 40.
476. Kurzfassung von Warren Buffett's Rede auf der Berkshire Hathaway-Jahreshauptversammlung, 29. April 1991.
477. Berkshire Hathaway-Jahreshauptversammlung, Omaha, 1996.
478. Warren Buffett-Rede, New York Society of Security Analysts, 6. Dezember 1996.
479. Linda Grant, „The $4-Billion Regular Guy“, *The Los Angeles Times Magazine,* 7. April 1991, S. 36.
480. David A. Vise und Steve Coll, „Buffett-Watchers Follow Lead of Omaha's Long-term Stock Investor“, *The Washington Post,* Oktober 1987, S. D1.
481. Berkshire Hathaway-Jahreshauptversammlung, Omaha, 1996.
482. Alan Gersten, „Buffett Faces Shareholders“, *Omaha World-Herald,* 21. Mai 1986, S. 27.
483. Robert Dorr, „Newspaper Holdings Kind to Omaha Investor Buffett“, *Omaha World-Herald,* 16. April 1978, S. 6J.
484. „Warren Buffett Talks Business“, The University of North Carolina, Center for Public Television (Chapel Hill), 1995.
485. Jim Rasmussen, „Billionaire Talks Strategy with Students“, *Omaha World-Herald,* 2. Januar 1994.
486. Linda Grant, „Striking Out at Wall Street“, *U.S News & World Report,* 20. Juni 1994, S. 58.

487. Andrew Kilpatrick, *Of Permanent Value: The Story of Warren Buffett* (Birmingham: AKPE, 1994), S. 568, (wie zitiert aus der *Forbes* vom 6. August 1990).
488. Robert McMorris, „Investor Buffett Tells Secret: Follow Will Rogers' Advice", *Omaha World-Herald,* 31. Mai 1985, S. B1.
489. Warren E. Buffett, „How Inflation Swindles the Equity Investor", *Fortune,* 5. Mai 1977, S. 250.
490. Warren Buffett, Capital Cities/ABC-Managementkonferenz, 1988.
491. Berkshire Hathaway-Jahreshauptversammlung, Omaha, 1996
492. „Warren Buffett Talks Business", The University of North Carolina, Center for Public Television (Chapel Hill), 1995, (später in einem Brief Buffetts an die Autorin modifiziert).
493. „Warren Buffett – The Pragmatist", *Esquire,* Juni 1988, S. 159.
494. Warren E. Buffett, „Kiewit Legacy as Unusual as His Life", *Omaha World-Herald,* 20. Januar 1980, S. 1.
495. Walter Isaacson, „In Search of the Real Bill Gates", *Time,* 13. Januar 1997, S. 57.
496. Sharon Rosse, „Buffett Foundation to Reward Teachers", *Omaha World-Herald,* 1. Oktober 1987, S. 1.
497. Ibid.
498. Susan Buffett-Interview mit der Autorin, Oktober, 1996.
499. Berkshire Hathaway-Jahreshauptversammlung, Omaha, 1994.
500. Warren Buffett, „Reforming Casino Society", *Financial World,* 20. Januar 1987, S. 139, (nachgedruckt aus der *Washington Post*).
501. Berkshire Hathaway-Jahreshauptversammlung, Omaha, 1996.
502. Warren Buffett, Brief an die Autorin, 25. Oktober 1989.

GENEHMIGUNGEN

Der Abdruck der jeweiligen Zitate in diesem Buch wurde von den nachfolgend genannten Personen und Organisationen genehmigt:

Adam Smith, für die Zitate aus *Supermoney*

The Associated Press

Warren Buffett

Channels

Forbes Magazine, © FORBES, Inc.

Fortune Magazine, © 1977, 1988, 1990, 1992 Time. Alle Rechte vorbehalten.

Investment Decisions

Of Permanent Value: The Story of Warren Buffett
© 1994 von Andrew Kilpatrick. Nachdruck genehmigt vom Autor.

Buffett: The Making of an American Capitalist von Roger Lowenstein.
Nachdruck genehmigt von Random House, © 1995.

Los Angeles Times

Microsoft Corporation

New York Magazine

New York Times Magazine

Omaha World-Herald

Outstanding Investor Digest

PBS Nightly Business Report

Regardie's

U.S. News and World Report, © 20. Juni 1994

U.S. West Magazine

„Legend Revisited: Warren Buffett's Aura ..." Nachdruck genehmigt von
The Wall Street Journal, © 1996 Dow Jones & Company, Inc.
Alle Rechte weltweit vorbehalten.

Warren Buffett Talks Business. Nachdruck des Textes genehmigt von PBS-TV; produziert vom North Carolina Center for Public Television, 1995.

The Washington Post

Worth